KB214143

성경의 치유사역

성경의 치유사역

초판 1쇄 발행 2020. 6. 20.

- ■지은이　　한현우
- ■펴낸이　　방주석
- ■펴낸곳　　베드로서원
- ■주　소　　10252 경기도 고양시 일산동구 고봉로 776-92
- ■전　화　　031-976-8970
- ■팩　스　　031-976-8971
- ■이메일　　peterhouse@daum.net
- ■창립일　　1988년 6월 3일
- ■등　록　　(제59호) 2010년 1월 18일

ISBN　978-89-7419-388-1 03230

책값은 뒤표지에 있습니다.

베드로서원은 말씀과 성령 안에서 기도로 시작하며
영혼이 풍요로워지는 책을 만드는 데 힘쓰고 있으며,
문서선교 사역의 현장에서 세계화의 비전을 넓혀가겠습니다.

나의 힘이신 여호와여 내가 주를 사랑하나이다(시 18:1)

성경의 치유사역

한현우 지음

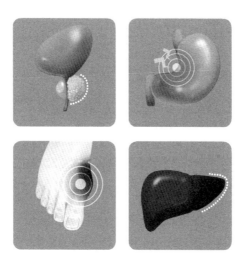

베드로서원

저자 서문

2019년 초가을 매일 반복되는 생활에 지루함을 느껴 힐링이 필요하다고 생각하던 차에 어느 목사님이 천보산에 있는 기도원[1]을 추천해 주셔서 모든 일정을 뒤로 미루고 찾아가 보기로 하였다. 그곳은 태릉역에서 약 30분 거리의 천보산 중턱에 위치해 있었다. 1박 2일 일정으로 입소하였는데 서울 인근이면서도 약간 떨어진 경기도 지역에 있어 잠시 쉬기에는 안성맞춤이라 생각되었다. 그 후 다시 찾고 싶은 생각이 간절하여 12월 초에 재방문하였다. 여느 때와 같이 인도자의 뜨거운 찬양과 강사 목사님의 말씀이 선포되었고, 말씀 중에 창세기 1장 28절에서 인간에게 모든 생물을 다스릴 수 있는 권세를 주셨기 때문에 예수의 이름으로 선포하면 모든 질고를 물리칠 수 있다는 믿음을 주었다.

필자가 향후 할 수 있는 사역은 치유사역이라는 것을 깨닫고, 구약과 신약의 중심구절을 들여다보기에 이르렀다. 성경말씀을 읽으면서 이해가 잘 안 되는 말씀은 20권짜리 《그랜드종합주석》으로 확인하니 말씀이 과학적으로 기록되어 있음을 알 수 있었다. 성경을 맹목적으로 믿는 것보다 하나님 말씀을 근거기반의학[2] 적으로 믿는다면 다음 세대의 전도에도 많은 도움이 될 것이다. 여호와께서 창조한 아담과 하와의 구성원소가 지구의 구성원소와 동일하다는 사실을 알게 되었고, 모세가 출애굽 당시 수백만 명의 백성을 이끌고 사막을 횡단할 때에 목이 마른 백성들이 마라의 쓴 물을 발견했는데 써서 먹을 수 없게 되자 여호와께서 가르쳐준 대로 모세가 대추야자나무의 열매를 물속에 던져 넣으니 단맛으로 변했다고 기록되어 있다. 실제로 오아시스는 지하수로서 알칼리수이며 대추야자나무의 열매는 산성이므로 중화되어 먹을 수 있는 물이 되었다고 한다.

히스기야가 병들어 죽게 되었을 때에 여호와께 기도하여 생명을 15년 연장받았는데 그는 심한 종기를 앓고 있었던 것으로 알려져 있다. 그 종처에 무화과를 발라 병을 치유 받았는데 이스라엘 지방에서는 이 무화과가 민간요법으로 종기를 치유하는 효능이 있음을 알 수 있다. 따라서 성경에 나오는 이야기가 허구가 아니고 과학적으로 증명됨을 알 수 있다.

2019년 12월 중국 우한에서 유행하기 시작한 Corona19[3]는 2020년 5월 16일 현재 전 세계적으로 4,590,775명 확진에 308,604명이 사망하여 최근 유행한 감염병 중에서 가장 많은 사망자를 보이고 있다. 바이러스 유행의 특성상 상반기에 아세아, 유럽, 북미대륙 등 북반구를 중심으로 폭발적으로 유행하다가 여름철에 접어들면서 소강상태로 접어든 후에 겨울철에 2차 유행할 것으로 예측되고 있다. 이 바이러스의 유행은 자연의 질서를 잘 지키라는 여호와의 명령에 불순종하여 나타난 결과이다. 우리나라는 유행 초기에는 발견 즉시 격리하는 등 신속한 조치를 이행하였으나 신천지 대구교회[4]에서 집단 발병하는 바람에 방역의 허를 찔리고 말았으나 현재까지 잘 대처하고 있다고 생각한다.

　코로나19의 유행으로 인하여 교회나 성당에서 평일은 물론 주일에도 예배를 드리지 못하게 되었다. 회개기도가 긴급히 필요할 때이다.

　"모든 생물을 잘 다스리고 이웃을 사랑하라는 여호와의 명령에 순종하지 못한 우리 모두의 잘못에 대하여 회개하오니 청지기적 사명을 잘 감당하도록 능력을 주옵소서. 코로나19로 인하여 지구촌 곳곳에서 고통 받고 있는 환우들을 치유하여 주시고 진료와 방역에 헌신하는 의료인과 방역관들을 보호하여 주시며, 하루속히 지구상에서 소멸되도록 도와주옵소서."

　지은이는 신학 지식이 일천함에도 불구하고 배우는 심정으로 코로나19의 세계적 유행과 같은 위기상황을 신학과 과학적인 지식을 바탕으로 극복하는데 도움을 주고자 하였다. 아울러 본서는 질병의 예방과 치유사역을 중심으로 질병예방편(1~3부)과 질병치유사역편(4~5부)과 대적기도편(6부)으로 구분하여 기술하였다. 끝으로 이 책을 펴내는 데 시간을 내주시어 꼼꼼히 검독하시고 지적해 주신 과천교회 전승학 목사님과 지도편달을 해주신 모든 분께 감사드리며 물심양면으로 지원을 아끼지 않으신 전정숙 목사님과 아들 내외(기원과 이지원)와 딸(혜리)과 손녀(소이)와 손자(준이)에게 감사를 드리는 바이다. 앞으로 부족한 부분은 계속 upgrade 할 것을 약속드리며 이 책을 발간하는 데 격려해 주시고 허락해 주신 과천교회 장로이자 베드로서원의 방주석 회장님께 깊이 감사드리는 바이다.

2020년 5월 16일

한현우

목 차

질병이 왜 발생할까?

1부

질병이 왜 발생할까?

고대 이집트와 메소포타미아인들은 악령들이 여러 질병의 원인이라고 믿었고, 술사들이 그 악령들을 쫓아내기 위해 주문이나 마술을 사용하였다. 그들은 또한 여러 신 중에 병을 치료해주는 신들이 존재한다고 믿었다. 반면, 구약성경에 의하면 이스라엘 백성은 병의 치료를 위해 주문과 미술을 사용하지 않았다.[5] 주변 국가들과 달리 그들은 창조주 하나님에 대한 유일신 신앙에 따라 질병의 근원과 치유가 하나님의 손에 달려 있다고 믿었다.

구약성경에서 치유와 회복의 의미를 표현하는 대표적인 히브리어 동사는 רָפָא('라파')이다. 이 용어는 인간이 겪게 되는 육체적인 질병이나 상처로부터의 치료나 병을 치료하는 기술을 갖춘 의사를 표현하기 위해 사용되기도 하지만, 영적인 고뇌를 경험하는 인간과 하나님의 치유를 언급하는 본문들 속에 발견된다.

인간이 태어나서 성장하여 자녀를 낳고 병들거나 늙어 죽는 것은 하나의 싸이클이라고 할 수 있다. 학자들이 주장하는 노화이론은 늙음의 과정에서 유전자가 관여한다는 프로그램설(노화유전자설), 단백질 분자 사이의 교차결합으로 단백질이 굳어 탄력성을 소실한다는 교차결합설, 활성산소에 의해 정상 세포가 지속적으로 공격을 받아 노쇠해진다는 유리기설(활성산소 이론)이 있다. 이 중에서 주로 문제가 되는 것이 활성산소이다. 활성산소는 당뇨병, 동맥경화, 암과 주름, 검버섯, 백내장, 파킨슨병 등을 일으킨다고 알려져 있다. 이러한 실병의 발생에 대하여 구약시대에는 악령설, 신벌설, 점성설과 장기설 등의 학설이 있었는데 이후 정립된 질병 발생설에 대하여 알아보고자 한다.

1. 고대의 질병 발생설

① 악령설 : 악령이 질병 발생의 원인이라고 판단하여 마술사가 주문을 통하여 질병을 쫓았다.

② 신벌설 : 감염병의 유행은 수천 년 동안 인류의 좋지 않은 행동에 대한 하나님의 심판이라고 믿었으며, 이러한 천벌은 하나님의 노여움을 풀어드림으로써 피할 수 있다고 믿었다. 이집트에서는 전염병의 여신 세크메트(Sekmet)를 노엽게 했을 때 질병이 발생하며 그 노여움을 풀

어주었을 때 사라진다고 생각했다.[6] 질병은 죄를 지은 사람에게 악신이 주는 벌이라고 생각하였으며 이를 치유하기 위하여 신과 접속한다는 무당들이 참여하였다. 이러한 학설을 '신벌설'이라고 한다.

③ 점성설 : 자연에 대한 인식이 높아지면서 질병의 발생은 환경의 상태와 관계가 있다고 생각하게 되었는데, 대표적인 것이 '점성설'로서 별자리의 이동으로 감염병은 물론 전쟁 및 기아 등이 발생한다고 믿었다.

④ 장기설(瘴氣說[7]) : 질병과 환경의 관계가 좀 더 깊이 이루어지기 시작하는 시대로 감염병의 전파는 나쁜 공기나 공기 중의 유독물질 때문에 발생한다고 믿었다. 말라리아는 나쁜 공기가 전파한다고 믿어 이의 전파를 막기 위하여 연기 소독법이 사용되었다.

⑤ 황제내경[8] : 《황제내경》은 병의 근원을 묻는 〈소문(素問)〉과 침구와 뜸을 다룬 〈영추(靈樞)〉의 2부분으로 나누어져 있는데, 전자가 주를 이룬다. 황제와 신하의 문답 형식을 취하고 있다. 제1권 '상고천진론(上古天眞論)'에서 황제가 기백(岐伯)[9]에게 물었다. "내가 듣기로 옛날 사람들은 100세가 넘도록 살았지만 조금도 기력이 떨어지지 않았다고 하는데, 요즘 사람들은 50세만 되어도 늙어 버리지 않는가. 이는 시대가 달라서인가, 아니면 생활 방식의 차이 때문인가?" 기백이 대답했다. "옛날 사람 중에서도 도를 아는 사람은 음양의 이치에 따라 술수에 화합하고, 음식과 생활에 절도를 지키고, 몸에 무리가 없도록 일

을 했습니다. 때문에 몸과 마음이 편하니 천수를 누려 100세까지 살
수 있었습니다. 요즘 사람들은 술을 물처럼 마시고, 늘 무리하게 몸을
움직이고, 술에 취해 여자와 자고, 욕망이 이끄는 대로 정기를 소모해
생명력을 고갈시킵니다. 욕망이 일어나는 대로 쾌락을 좇는 것은 올바
른 삶에 반하므로 50세만 되어도 기력이 쇠합니다."

⑥ 유리기설 : 보통 정상적인 산소는 체내에서 약 100초 이상 머물
지만 활성산소[10]는 불안정하여 100만분의 1초~10억분의 1초 동안
생겼다가 순식간에 없어진다. 이와 같이 활성산소는 눈 깜짝할 사
이에 존재하는 물질이며 세포막을 공격해 세포 기능을 상실시키고,
DNA의 손상을 유발한다. 즉 활성산소는 세포에서의 신호 전달 체
계를 망가뜨리거나 면역력을 저하시키므로 당뇨병, 동맥경화, 암 등
을 유발하고, 세포의 재생을 막아 노화를 촉진시킨다. 노인의 피부
에 나타나는 검버섯은 활성산소가 작용하여 생긴 것이다. 활성산소
는 인체에 유해한 물질이지만 인체에 침입한 세균이나 바이러스를 죽
인다는 사실이 최근 밝혀졌으며 세포 내에서 신호 전달 물질로 작용
하여 세포의 성장과 분화를 조절하는 역할을 한다. 활성산소는 체
내에 지나치게 많으면 세포를 죽이는 독성 물질로 작용하지만, 적당
하게 있으면 세포가 성장하고 분화할 수 있도록 하여 신체가 건강
한 상태를 유지하도록 도와준다.

2. 무서운 감염병의 대유행과 교회의 타락

(1) 마을에서 추방된 사람들

한센병 환자는 많은 사람에게 위협을 주는 존재로 건강한 사람들을 보호하기 위해 지역사회에서 추방되었으며 평생 사회에서 버림받았다. 시민권도 빼앗겼으며 사회적으로도 죽은 사람으로 취급되었다. 한센병에 걸렸는지에 대한 결정은 경솔하게 이루어지지는 않았으며 의심되는 사람은 특별한 위원회에서 검사를 받았다. 중세 초기에는 교구 주교, 수명의 성직자와 한센병 전문가라고 생각되었던 한센병 환자 1명으로 구성된 위원회에서 판정을 내렸으며 그 후 의사와 이발사도 참여하였다.

한센병 환자의 격리는 매우 엄격하고 까다로웠다. 지역사회로부터 공식적인 추방은 환자를 참여시킨 장례의식에 의해 거행되었다. 환자는 수의를 입었고 미사가 집행되어 흙이 던져지고 부모, 형제들이 동행하여 지역사회의 경계 밖에 있는 한센병 수용소로 보내졌다. 환자는 누구나 알아보기 쉬운 특이한 옷을 입었으며 호루라기나 깡통을 두들겨 환자가 가까이 가는 것을 알리도록 하였으며, 시장이나 여관 그리고 술집에 드나들지 못하도록 금지했다. 이발사는 환자의 머리를 잘라 주거나 면도를 하지 못하게 했다. 다만, 크리스마스나 특별한 축

제일에 환자들이 시내에 들어와 구걸하거나 자선사업의 혜택을 받도록 허용했다.

(2) 페스트의 대유행과 교회의 타락

한센병 환자의 격리에서 시작된 감염병 관리 대책은 중세기에 가장 무서웠던 감염병인 선페스트 대책에서 더욱 강화되었다. 페스트의 세계적 대유행은 3차에 걸쳐 기록되어 있다. 유스티니아누스의 페스트 유행이 최초의 것이었고, 두 번째 유행은 중세기의 페스트 유행이었으며, 세 번째 유행은 금세기 초에 있었다. 페스트는 도시의 감염병인데, 유스티니아누스의 유행 이후 중세의 페스트에 이르기까지 기록이 별로 남아 있지 않았다.

14세기의 세계적 대유행은 중앙아시아 초원지대에 살던 들쥐에 보균상태로 있던 페스트가 서쪽으로 확대되어 1346년 봄이 되자 흑해에 이르렀고, 이곳에서 배를 타고 콘스탄티노플, 제노아, 베니스 등 유럽의 여러 항구로 옮겨졌고, 1348년 초에는 유럽 내륙까지 확대되었다. 피렌체를 휩쓸고 4월에는 아비뇽을 침범하고 5월 초에는 발렌시아와 바르셀로나에 만연해서 약 3년간 대유행하여 유럽 전역을 휩쓸었으며 그 후 1388년까지 산발적 유행이 계속되었다.

페스트로 인해 1348~1350년에만 무려 2,500만~3,500만 명이 사망했다. 유럽 인구의 30%가 죽어갔다. 그런데도 교회는 타락한 채 면죄부 판매에만 열을 올렸다. "면죄부를 사면 연옥에서 천국으로 가게 된다"는 황당한 주장을 해도 성경에 있는 말씀이라고 여겼다. 루터가 살던 시골 도시 비텐베르크에서는 면죄부를 살 수가 없었다. 사람들은 이웃 도시까지 가서 면죄부를 구입했다. 그들은 죄에 대한 벌은 면제받았다고 여겼으므로 더 이상 고해성사를 하지 않았다. 2017년은 루터가 1517년 종교개혁을 일으킨 지 500주년이 되는 해로서 개신교에서는 다채로운 기념행사를 벌였다.

(3) 40일간의 검역제도[11]의 수립

페스트는 하나님의 노여움을 사서 생겨났다고 믿어 많은 사람이 기도하고 회개하는 방법을 사용했다. 두 번째 방법은 페스트가 창궐한 지역의 사람들을 막는 것이었다. 한센병 환자 격리의 경험은 페스트 환자에게도 똑같이 적용되었다. 환자의 접촉을 피하기 위해 환자신고는 의무화되었으며 유병 기간 자택에 격리되었다. 식료품이나 생활용품은 시 당국의 주선으로 공급되었고, 시체는 창을 통해 마차로 옮겨져 시외에 별도로 매장하여 감염병의 유행을 막는 데 힘을 썼다. 페스트 환자가 사망하였을 때에는 통풍을 하고 훈증을 하였으며, 환자의 일용품은 모두 태워버렸다.

페스트 의심환자나 물건은 감염병을 옮기지 않는다고 확정될 때까지 격리하여 관찰하였다. 이 제도는 현재 검역제도의 근간이 되었으며, 한센병과 페스트의 대유행을 거쳐 발전되었다. 또한, 이 제도는 국제교역의 중심지였던 베니스 항으로부터 시작되었다. 페스트의 침입은 선박에 의해 옮겨진다고 믿었기 때문에 선박과 하물 그리고 승객에 대한 검역을 실시하게 되었다. 1348년 3월 20일에는 선박, 물품, 승객을 외딴섬에 격리시키는 권한을 가진 공중보건 관계위원회가 설치되었다.

1374년 밀라노 공작 비스콘티는 페스트의 침입과 만연을 막기 위해서 페스트 환자는 모두 시외로 격리시켜 죽거나 회복될 때까지 머무르게 했다. 환자를 간호한 사람도 14일간 격리시킨 후 되돌아오게 했으며, 14일의 격리 기간은 의심되는 승객이나 상인들에게도 적용되었다. 3년 후인 1377년 7월 27일 달마티아 해변의 두브로니크시 위원회는 페스트 유행지에서 온 승객에게 30일간으로 격리를 강화시켰다. 그 후 이 기간은 40일로 늘어났고, 이 40일이라는 라틴어로부터 검역 (Quarantine)[12]이라는 용어가 생겨났다. 1383년 마르세유에서는 입항한 선박을 엄격히 검사한 후 오염의 의심이 있는 선박, 하물, 승객은 40일간 억류하여 깨끗한 공기와 일광으로 소독하는 최초의 검역소가 설치되었다.

13~14세기 검역장소와 격리병사(크로아티아 항구도시 스플릿)[13]

헤커(Hecker)에 따르면 40일의 격리 기간 설정은 13~14세기에는 40일을 경계로 급성질병과 만성질병을 구분했기 때문에 생겨난 것이라고 한다. 성경에서도 40[14]이라는 숫자는 큰 의미를 지니고 있다. 40일이란 예수께서 40일간 광야에서 시험받은 것, 모세가 시내산에서 40일간 금식한 것, 노아의 홍수도 40일간 계속된 후 종료되었고, 이스라엘 민족이 40년간 광야생활 한 것, 예수가 부활에서 승천까지의 40일간 제자들과 함께했던 것 등에서 보듯이, 성경에서는 고난과 갱신의 상징적 기간으로 나타나 있다. 연금술에서도 40일이 지나야 물질이 변할 수 있다고 믿었다. 결국 14세기의 페스트 유행을 계기로 이탈리아, 프랑스 등 각국에서 격리시설과 소독소를 갖춘 격리체계가 보건사업의 일환으로 시작되었다.

3. 질병 발생의 역학적 모형

질병 발생의 역학적 모형은 다음과 같이 삼각형 모형설, 수레바퀴 모형설, 거미줄 모형설이 있다.

① 삼각형 모형설(Lever theory) : 질병 발생 요인이 주요 인자인 병인적 인자, 숙주적 인자, 환경적 인자 등 3대 인자의 상호관계에서 발생된다는 학설로서, 병인적 인자만이 질병 발생의 원인이 되는 것은 아니므로 이 3대 요소가 어떤 관계에 있느냐가 좌우한다고 보는 것이다. SARS, MERS, 코로나바이러스19(Novel Coronavirus) 같은 감염병이 있다. (도 1)

② 수레바퀴 모형설(Wheel Model) : 질병 발생 요인이 인간 숙주를 둘러싸고 있는 생물학적 환경, 물리화학적 환경, 사회적 환경과 인간 숙주의 내적 요인인 유전적 요인의 상호작용에 의해 발생된다고 보는 질병발생설이다. 유전병이 있다. (도 2)

③ 거미줄 모형설(Web Model) : 질병 발생 요인이 어느 특정한 요인에 의해서 이루어지는 것이 아니라, 다원적 요인이 선행되는 여러 가지 요인들과 연결되어서 발생되어 마치 거미줄 모형과 같은 복잡한 상호관계로 얽혀져서 발생된다는 설이다. 암, 당뇨병과 같은 생활습관병 등이 있다.[15] (도 3)

(도1) 생태학적 모형(Lever theory)

(도 2) 질병발생의 수레바퀴 모형

(도 3) 질병발생의 Web Model

2부

상하게도 하시고
낫게도 하시는 하나님

2부
상하게도 하시고 낫게도 하시는 하나님

구약성경에서 언급하는 질병과 치료는 전통적인 인과응보 원리와 관련된다. 또한 질병과 치료는 하나님에 대한 인간의 순종과 불순종에 좌우된다. 잠언 29:1은 악을 꾀하여 다툼을 일으키거나 목이 곧은 사람들이 갑자기 패망을 당하고 고침을 받지 못할 것이라고 했다. 병에 걸린 사람을 죄인으로 보거나 건강한 자를 의인으로 판단할 수 없는 것이다. 우리는 구약시대와 비교할 수 없을 만큼 의술이 발달한 시대에 살고 있음에도 병이 들면 하나님을 찾아 기도한다. 이것은 "나 외에는 신이 없도다 나는 죽이기도 하며 살리기도 하며 상하게도 하며 낫게도 하나니 내 손에서 능히 빼앗을 자가 없도다"(신 32:39), "하나님은 아프게 하시다가 싸매시며 상하게 하시다가 그의 손으로 고치시나니"(욥 5:18)라는 말씀들이 건강할 때보다 아플 때 우리에게 깊이 와 닿기 때문일 것이다.[16]

(잠 29:1) 자주 책망을 받으면서도 목이 곧은 사람은 갑자기 패망을 당하고 피하지 못하리라.

(신 32:39) 이제는 나 곧 내가 그인 줄 알라 나 외에는 신이 없도다. 나는 죽이기도 하며 살리기도 하며 상하게도 하며 낫게도 하나니 내 손에서 능히 빼앗을 자가 없도다.

(욥 5:18) 하나님은 아프게 하시다가 싸매시며 상하게 하시다가 그의 손으로 고치시나니

4. 순종하여 질병을 예방하자

(1) 여호와를 섬기라

"네 하나님 여호와를 섬기라. 그리하면 여호와가 너희의 양식과 물에 복을 내리고 너희 중에서 병을 제하리니"(출 23:25).

"여호와여 내가 주를 높일 것은 주께서 나를 끌어내사 내 원수로 하여금 나로 말미암아 기뻐하지 못하게 하심이니이다"(시 30:1).

"내 영혼아 여호와를 송축하여 그의 모든 은택을 잊지 말지어다. 그가 네 모든 죄악을 사하시며 네 모든 병을 고치시며 네 생명을 파멸에서 속량하시고 인자와 긍휼로 관을 씌우시며 좋은 것으로 네 소원을 만족하게 하사 네 청춘을 독수리 같이 새롭게 하시는도다"(시 103:2-5).

"할렐루야 우리 하나님을 찬양하는 일이 선함이여 찬송하는 일이

아름답고 마땅하도다. 여호와께서 예루살렘을 세우시며 이스라엘의 흩어진 자들을 모으시며 상심한 자들을 고치시며 그들의 상처를 싸매시는도다"(시 147:1-3)

"여호와 내 하나님이여 내가 주께 부르짖으매 나를 고치셨나이다. 여호와여 주께서 내 영혼을 스올[17]에서 끌어내어 나를 살리사 무덤으로 내려가지 아니하게 하셨나이다"(시 30:2-3).

"아사가 왕이 된 지 삼십구 년에 그의 발이 병들어 매우 위독했으나 병이 있을 때에 그가 여호와께 구하지 아니하고 의원들에게 구하였더라. 아사가 왕위에 있은 지 사십일 년 후에 죽어 그의 조상들과 함께 누우매"(대하 16:12-13). 이 말씀은 아사의 불신앙을 보여주는 것으로 중병에 걸렸어도 하나님을 의지하지 않다가 결국 죽게 되는 장면을 소개한다. 아람과 군사동맹을 맺은 이후에도 불신앙적 태도에 빠진 아사는 결국 죽음을 맞이할 때까지 그 일을 회개하지 않았다. 더욱이 매우 중한 병[18]에 걸렸음에도 불구하고 그는 하나님께 의지하고 간구하기보다 의사들에게만 매달렸다. 물론 의술이나 의사의 치료도 하나님께서 허락하신 일반 은총이다.

아사 왕은 하나님에 대해 의지하는 신앙이 전혀 없이 오직 인간적인 방법에만 의존하는 불신앙적 자세를 보였기에 하나님의 정죄를 받은 것이다. 그러나 히스기야 왕은 하나님을 의지하여 생명을 연장받은 신앙을 보여 아사와 좋은 대조를 이루고 있다. 결국 아사 왕은 2년 동안 중병에 시달리다가 마침내 죽음을 맞이하게 됨으로써 처음보다 나중이 훨씬 미약해진 인생으로 마감하고 말았다. 그의 말년을 통하여 하나님의 능력보다 인간의 지혜를 더 의지하는 자에게 "교만은 패망의 선봉이요 거만한 마음은 넘어짐의 앞잡이니라"(잠 16:18)는 교훈을 깨닫게 된다.[19)]

(출 23:25) 네 하나님 여호와를 섬기라. 그리하면 여호와가 너희의 양식과 물에 복을 내리고 너희 중에서 병을 제거하리니

(시 30:1-3) 여호와여 내가 주를 높일 것은 주께서 나를 끌어내사 내 원수로 하여금 나로 말미암아 기뻐하지 못하게 하심이니이다. 여호와 내 하나님이여 내가 주께 부르짖으매 나를 고치셨나이다. 여호와여 주께서 내 영혼을 스올에서 끌어내어 나를 살리사 무덤으로 내려가지 아니하게 하셨나이다.

(시 103:2-3) 내 영혼아 여호와를 송축하며 그의 모든 은택을 잊지 말지어다. 그가 네 모든 죄악을 사하시며 네 모든 병을 고치시며

(대하 16:12-13) 아사가 왕이 된 지 삼십구년에 그의 발이 병들어 매우 위독했으나 병이 있을 때에 그가 여호와께 구하지 아니하고 의원들에게 구하였더라. 아사가 왕위에 있은 지 사십일년 후에 죽어 그의 조상들과 함께 누우매

(2) 여호와의 규례를 지키라

"너희가 너희 하나님 나 여호와의 말을 들어 순종하고 내가 보기에

의를 행하며 내 계명에 귀를 기울이며 내 모든 규례를 지키면 내가 애굽 사람에게 내린 모든 질병 중 하나도 너희에게 내리지 아니하리니 나는 너희를 치료하는 여호와임이라"(출 15:26).

"그들이 쫓겨난 자라 하매 시온을 찾는 자가 없은즉 내가 너의 상처로부터 새 살이 돋아나게 하여 너를 고쳐주리라"(렘 30:17).

"그러나 보라 내가 이 성읍을 치료하며 고쳐 낫게 하고 평안과 진실이 풍성함을 그들에게 나타낼 것이며"(렘 33:6).

"내 아들아 내 말에 주의하며 내가 말하는 것에 네 귀를 기울이라. 그것을 네 눈에서 떠나게 하지 말며 네 마음속에 지키라. 그것은 얻는 자에게 생명이 되며 그의 온 육체의 건강이 됨이니라"(잠 4:20–22).

모든 질병이 어리석은 행동으로부터 생겨난다는 것을 보여주고 있다.

"여호와께서 또 모든 질병을 네게서 멀리하사 너희가 아는 애굽의 악질에 걸리지 않게 하시고 너를 미워하는 모든 자에게 걸리게 하실 것이라"(신 7:15).

하나님의 언약을 지킬 때 그들의 소생이 풍성하게 되고 소와 양과 토지 소산과 포도주가 풍성하게 되고 애굽에서 경험했던 악질[20]로부터 자유롭게 될 것이다.

"나는 여호와를 향하여 말하기를 그는 나의 피난처요 나의 요새요 내가 의뢰하는 하나님이라 하리니, 이는 그가 너를 새 사냥꾼의 올무에서와 심한 전염병에서 건지실 것임이로다"(시 91:2-3).

(3) 여호와를 범사에 인정하라.

"너는 범사에 그를 인정하라. 그리하면 네 길을 지도하시리라. 스스로 지혜롭게 여기지 말지어다. 여호와를 경외하며 악을 떠날지어다. 이것이 네 몸에 양약이 되어 네 골수를 윤택하게 하니라"(잠 3:6-8).

"그가 찔림은 우리의 허물 때문이요. 그가 상함은 우리의 죄악 때문이라. 그가 징계를 받으므로 우리는 평화를 누리고 그가 채찍에 맞으므로 우리는 나음을 받았도다"(사 53:5).

"입술의 열매를 창조하는 자 여호와가 말하노라 먼 데 있는 자에게든지 가까운 데 있는 자에게든지 평강이 있을지어다. 평강이 있을지어다. 내가 그를 고치리라 하셨느니라"(사 57:19).

재앙은 인간의 어떠한 방법으로도 피할 수 없다는 것이다(암 9:2-3). 그러나 하나님의 가르침을 따르는 자들에게는 특별한 구원의 소식을 허락해 주셨다. 하나님 말씀에 순종하면 질병을 예방하고 치유해 주시며, 불순종할 경우 재앙(감염병)을 내려 백성들이 죽기도 한다.

(잠 3:6-8) 너는 범사에 그를 인정하라. 그리하면 네 길을 지도하시

리라. 스스로 지혜롭게 여기지 말지어다. 여호와를 경험하며 악을 떠날지어다. 이것이 네 몸에 양약이 되어 네 골수를 윤택하게 하리라

(사 53:5) 그가 찔림은 우리의 허물 때문이요. 그가 상함은 우리의 죄악 때문이라. 그가 징계를 받으므로 우리는 평화를 누리고 그가 채찍에 맞으므로 우리는 나음을 받았도다.

(사 57:19) 입술의 열매를 창조하는 자 여호와가 말하노라. 먼 데 있는 자에게든지 가까운 데 있는 자에게든지 평강이 있을지어다. 평강이 있을지어다. 내가 그를 고치리라 하셨느니라.

(암 9:2–3) 그들이 파고 스올로 들어갈지라도 내 손이 거기에서 붙잡아 낼 것이요. 하늘로 올라갈지라도 내가 거기에서 붙잡아 내릴 것이며 갈멜산 꼭대기에 숨을지라도 내가 거기에서 찾아낼 것이요. 내 눈을 피하여 바다 밑에 숨을지라도 내가 거기에서 뱀을 명령하여 물게 할 것이요.

(4) 가난한 자를 보살피라.

경제적으로 가난하고 사회적으로 핍박받는 자들과 심각한 질병에 걸려 있는 병자들과 다른 사람의 도움이 필요한 자들((the Weak)을 보살피는 자들에게는 여호와께서 고난의 때에 멸망가운데 버려두지 아니하시고 약속의 땅에서 복을 받게 하시며 병상에 그가 누워 있을 때마다 그의 병을 고쳐 주실 것이다. (시41:1~3)[21]

(시 41:1) 가난한 자를 보살피는 자에게 복이 있음이여 재앙의 날에 여호와께서 그를 건지시리로다.

(시 41:2) 여호와께서 그를 지키사 살게 하시리니 그가 이 세상에서 복을 받을 것이라 주여 그를 그 원수들의 뜻에 맡기지 마소서.

(시 41:3) 여호와께서 그를 병상에서 붙드시고 그가 누워 있을 때마다 그의 병을 고쳐 주시나이다.

(5) 여호와께서 기뻐하시는 금식

외식적인 금식을 하지 말고, 주린 자에게 양식을 나누어 주고, 유리하는 빈민을 집에 들이며 헐벗은 자에게 입히면 네 빛이 새벽같이 비칠 것이며 치유가 급속히 나타날 것이라고 말씀하고 있다. 하나님은 외식적인 금식은 전혀 열납하지 않으시며 오히려 가증스럽게 여기신다(사 58:6-9).

(사 58:6-7) 내가 기뻐하는 금식은 흉악의 결박을 풀어주며 멍에의 줄을 끌러주며 압제당하는 자를 자유하게 하며 모든 멍에를 꺾는 것이 아니겠느냐. 또 주린 자에게 네 양식을 나누어 주며 유리하는 빈민을 집에 들이며 헐벗은 자를 보면 입히며 또 네 골육을 피하여 스스로 숨지 아니하는 것이 아니겠느냐

(사 58:8) 그리하면 네 빛이 새벽같이 비칠 것이며 네 치유가 급속할 것이며 네 공의가 네 앞에 행하고 여호와의 영광이 네 뒤에 호위하리니

(사 58:9) 네가 부를 때에는 나 여호와가 응답하겠고 네가 부르짖을 때에는 내가 여기 있다 하리라. 만일 네가 너희 중에서 멍에와 손가

락질과 허망한 말을 제하여 버리고

(6) 두려워하지 말라

중세기 페스트 유행시에는 질병의 유행을 극복하기 위하여 성당을 구축하는 등 재난이 있을 때에 교회가 부흥하였다. 2020년 5월 현재 코로나19 유행의 심각단계인 지금, 교역자 자녀들은 물론 일반 성도들의 자녀들도 학교이건 교회이건 모이기를 두려워한다. 물론 인터넷 설교(강의)라는 시스템이 있기 때문인지도 모른다. 서양 설화에 페스트균에 대한 이야기가 있다. "순례자가 길을 걷다가 페스트균을 만났다. 순례자가 어디에 가느냐고 물으니 바그다드에 5천명을 죽이러 간다고 대답하였다. 그런데 바그다드에서는 5만 명이나 죽었다. 페스트균에게 약속을 어겼지 않느냐고 물었다. 페스트균이 대답하기를 5천명은 내가 죽인 것이고 4만5천 명은 두려움 때문에 죽은 것이라고 대답하였다."

성경은 "두려워하지 말라. 내가 너와 함께 함이라. 놀라지 말라 나는 네 하나님이 됨이라. 내가 너를 굳세게 하리라. 참으로 너를 도와주리라. 참으로 나의 의로운 손으로 너를 붙들리라." (사 41:10) 고 말씀하신다. 내가 너와 함께 한다는 것은 하나님께서 임마누엘이 되셔서 언제 어디서나 그의 백성들과 함께 계시겠다는 약속이다. 내가 너를 굳세게 하리라는 것은 두려워하여 연약해진 마음을 하나님께서 다시 강하게 하신다는 말이다. 우리가 어려움을 당할 때 가장 근본적으로 우리를 괴롭히는 것은 마음의 두려움이다. [22]

5. 불순종의 벌은 염병이다.

신명기(28:59-61)에 여호와의 이름을 경외하지 아니하면 율법책에 기록되지 아니한 모든 질병과 재앙을 멸망하기까지 내리실 것이라고 하였으며, 또 신명기(28:20-22)에서는 여호와께 불순종하여 받는 저주로 네 몸이 병들게 하사 네가 들어가 차지할 땅에서 마침내 너를 멸하시며 폐병(tuberculosis or wasting disease)과 열병(fever), 염증(inflammation)과 학질, 한재(旱災 scorching heat)와 풍재(風災 drought), 썩는 재앙(mildew or fungus)으로 진멸하신다고 하였다. 또한 민수기(16:46-50)에 보면, 여호와의 명령에 불순종하여 여호와께서 진노한 결과 염병이 유행하였으며 죽은 자가 14,700명이나 되었다고 기록하고 있다.

대부분 감염병 유행은 하나님의 징벌로 나타났다. 위생의 문제가 아니라는 것이다. 레위기 26장 25절에 하나님의 말씀을 청종하지 않으면 "내가 칼을 너희에게로 가져다가 언약을 어긴 원수를 갚을 것이며 너희가 성읍에 모일지라도 너희 중에 염병을 보내고 너희를 대적의 손에 넘길 것이며"라고 말씀하고 있다. 또 사무엘하(24:12–15)에 보면, 다윗이 교만하여 요압 장군의 충고를 듣지 않고 인구조사를 한 결과 하나님의 징벌로 칠 년 동안 기근이나, 석 달 동안 도망자 생활을 하거나, 사흘 동안 감염병을 앓든지 세 가지 중 한 가지를 택하도록 하였는데, 다윗이 사흘간의 감염병을 택하여 70,000명이 사망했던 기록을 볼 수 있다.

민수기(25:1–9)에 의하면 이스라엘 자손이 미디안의 여인과 동침하매 비느하스가 손에 창을 들고 이스라엘 남자와 그 여인의 배를 꿰뚫어서 두 사람을 죽였더니 염병이 이스라엘 자손에게서 그쳤더라고 기록되어 있다. 그런데 그 염병으로 24,000명이 죽었다. 또한 예레미야서(24:10)에서도 "내가 칼과 기근과 전염병을 그들 가운데 보내 그들이 내가 그들과 그들의 조상들에게 준 땅에서 멸절하기까지 이르게 하리라 하시니라"고 말씀하고 있다.[23]

성경은 인간의 질병에 대하여 아담의 타락(롬 5:12–14) 이후의 심각한 환경 변화와 하나님의 형상을 지닌 인간이 지배권을 남용한 결과를 그 원인으로 꼽고 있다. 또한 성경은 인간이 하나님께 순종하지 않고 자연과 모든 생물을 제대로 관리하지 않을 때 발생하는 역병(疫病)에 대해서도 48회나 경고했다(삼하 24:13, 대상 21:12, 왕상 8:37, 대하 6:28, 겔 6:11, 38:22, 합 3:5, 눅 21:11).[24]

산호는 말류라고 불리는 자그만 녹조류와 공생한다. 녹조류는 광

합성을 통해 태양빛을 확보하여 이산화탄소를 유기탄소로 전환시키는데, 그 과정에서 부산물로 산소를 낸다. 이 산소를 산호초가 자신의 신진대사에 사용한다. 호기성 생물인 인간은 산소를 쓰레기로 여기지 아니하지만 녹조류의 입장에서는 당연히 쓰레기이다. 한편 산호초가 쓰레기로 내는 이산화탄소, 질산염, 인산염은 녹조류의 성장을 돕는다. 산호가 영양분이 부족한 열대 바다에서 다양하고 조밀한 생명군을 지탱할 수 있는 이유 중 하나는 이처럼 치밀한 쓰레기 재활용 사슬을 갖추었기 때문이다.[25] 이처럼 먹이사슬과 자연을 서로 사랑히고 공생할 수 있는 지혜를 활용할 때에 지구촌은 건강하게 될 것이다.

(레 26:25) 내가 칼을 너희에게로 가져다가 언약을 어긴 원수를 갚을 것이며 너희가 성읍에 모일지라도 너희 중에 염병을 보내고 너희를 대적의 손에 넘길 것이며

(민 25:1-2) 이스라엘이 싯딤에 머물러 있더니 그 백성이 모압 여자들과 음행하기를 시작하니라. 그 여자들이 자기 신들에게 제사할 때에 이스라엘 백성을 청하매 백성이 먹고 그들의 신들에게 절하므로
(민 25:3) 이스라엘이 바알브올에게 가담한지라 여호와께서 이스라엘에게 진노하시니라.
(민 25:4) 여호와께서 모세에게 이르시되 백성의 수령들을 잡아 태양을 향하여 여호와 앞에 목매어 달라 그리하면 여호와의 진노가 이스라엘에게서 떠나리라
(민 25:5) 모세가 이스라엘 재판관들에게 이르되 너희는 각각 바알브

올에게 가담한 사람들을 죽이라 하니라

(민 25:6) 이스라엘 자손의 온 회중이 회막 문에서 울 때에 이스라엘 자손 한 사람이 모세와 온 회중의 눈앞에 미디안의 한 여인을 데리고 그의 형제에게로 온지라

(민 25:7) 제사장 아론의 손자 엘르아살의 아들 비느하스가 보고 회중 가운데에서 일어나 손에 창을 들고

(민 25:8-9) 그 이스라엘 남자를 따라 그의 막사에 들어가 이스라엘 남자와 그 여인의 배를 꿰뚫어서 두 사람을 죽이니 염병이 이스라엘 자손에게서 그쳤더라. 그 염병으로 죽은 자가 이만 사천 명이었더라

(민 16:46) 이에 모세가 아론에게 이르되 너는 향로를 가져다가 제단의 불을 그것에 담고 그 위에 향을 피워 가지고 급히 회중에게로 가서 그들을 위하여 속죄하라 여호와께서 진노하셨으므로 염병이 시작되었음이니라

(민 16:47-48) 아론이 모세의 명령을 따라 향로를 가지고 회중에게로 달려간즉 백성 중에 염병이 시작되었는지라 이에 백성을 위하여 속죄하고 죽은 자와 산 자 사이에 섰을 때에 염병이 그치니라

(민 16:49) 고라의 일로 죽은 자 외에 염병에 죽은 자가 만 사천칠백 명이었더라

(민 16:50) 염병이 그치매 아론이 회막 문 모세에게로 돌아오니라

(신 28:20) 네가 악을 행하여 그를 잊으므로 네 손으로 하는 모든 일에 여호와께서 저주와 혼란과 책망을 내리사 망하며 속히 파멸하게 하실 것이며

(신 28:21) 여호와께서 네 몸에 염병이 들게 하사 네가 들어가 차지할 땅에서 마침내 너를 멸하실 것이며

(신 28:22) 여호와께서 폐병과 열병과 염증과 학질과 한재와 풍재와 썩는 재앙으로 너를 치시리니 이 재앙들이 너를 따라서 너를 진멸하게 할 것이라

(신 28:58–59) 네가 만일 이 책에 기록한 이 율법의 모든 말씀을 지켜 행하지 아니하고 네 하나님 여호와라 하는 영화롭고 두려운 이름을 경외하지 아니하면, 여호와께서 네 재앙과 네 자손의 재앙을 극렬하게 하시리니 그 재앙이 크고 오래고 그 질병이 중하고 오랠 것이라
(신 28:60) 여호와께서 네가 두려워하던 애굽의 모든 질병을 네게로 가져다가 네 몸에 들어붙게 하실 것이며
(신 28:61) 또 이 율법책에 기록하지 아니한 모든 질병과 모든 재앙을 네가 멸망하기까지 여호와께서 네게 내리실 것이니

(삼하 24:12) 가서 다윗에게 말하기를 여호와께서 이와 같이 말씀하시기를 내가 네게 세 가지를 보이노니 너를 위하여 너는 그 중에서 하나를 택하라 내가 그것을 네게 행하리라 하셨다 하라 하시니,
(삼하 24:13) 갓이 다윗에게 이르러 아뢰어 이르되 왕의 땅에 칠 년 기근이 있을 것이니이까 혹은 왕이 왕의 원수에게 쫓겨 석 달 동안 그들 앞에서 도망하실 것이니이까 혹은 왕의 땅에 사흘 동안 전염병이 있을 것이니이까 왕은 생각하여 보고 나를 보내신 이에게 무엇을 대답하게 하소서 하는지라.
(삼하 24:14) 다윗이 갓에게 이르되 내가 고통 중에 있도다 청하건대 여호와께서는 긍휼이 크시니 우리가 여호와의 손에 빠지고 내가 사람의 손에 빠지지 아니하기를 원하노라 하는지라.
(삼하 24:15) 이에 여호와께서 그 아침부터 정하신 때까지 전염병을 이스라엘에게 내리시니 단에서부터 브엘세바까지 백성의 죽은 자가

칠만 명이라

(렘 24:10) 내가 칼과 기근과 전염병을 그들 가운데 보내 그들이 내가 그들과 그들의 조상들에게 준 땅에서 멸절하기까지 이르게 하리라 하시니라

(대하 7:13) 혹 내가 하늘을 닫고 비를 내리지 아니하거나 혹 메뚜기들에게 토산을 먹게 하거나 혹 전염병이 내 백성 가운데에 유행하게 할 때에

(대하 7:14) 내 이름으로 일컫는 내 백성이 그들의 악한 길에서 떠나 스스로 낮추고 기도하여 내 얼굴을 찾으면 내가 하늘에서 듣고 그들의 죄를 사하고 그들의 땅을 고칠지라.

(롬 5:12) 그러므로 한 사람으로 말미암아 죄가 세상에 들어오고 죄로 말미암아 사망이 들어왔나니 이와 같이 모든 사람이 죄를 지었으므로 사망이 모든 사람에게 이르렀느니라.

(롬 5:13) 죄가 율법 있기 전에도 세상에 있었으나 율법이 없었을 때에는 죄를 죄로 여기지 아니하였느니라.

(롬 5:14) 그러나 아담으로부터 모세까지 아담의 범죄와 같은 죄를 짓지 아니한 자들까지도 사망이 왕 노릇 하였나니 아담은 오실 자의 모형이라.

6. 신종 바이러스 대유행의 팬데믹(pandemic)[26] 주기가 빨라지고 있다.

수렵과 채집 시기에 감염병은 보건문제로서 부담이 적었으나, 신석기 시대부터 경작이 시작되면서 집단생활을 하게 되어 감염병이 중요한 문제로 대두되기 시작하였다. 중세기까지는 역질과 기근의 시대가 계속되었으나, 르네상스 이후에는 과학의 발전과 농업혁명, 산업화, 생활여건 개선 등으로 감염병이 점차 감소하게 되었다. 위생 수준의 향상, 백신과 항생제 개발 등은 감염병 감소를 가속화하여 20세기에는 만성병과 퇴행성 질환 유행 시기에 접어들었다. 감염병이 크게 감소하면서 일부 학자들은 인류에게 감염병은 더 이상 위협요인이 되지 않을 것이라고 예상하였다.

그러나 인구증가와 인구의 도시집중, 고연령층 증가, 면역저하자의 비율 증가 등으로 신종감염병의 전파기회와 집단 감수성을 증가시켰다. 신종감염병이 유행하거나 출현하는 개발도상국가에서는 인간과 동물의 생활환경이 구분되지 않기 때문에 인간과 동물의 밀도가 동시에 증가하면서 다양한 신종감염병이 출현할 수 있는 배경이 되고 있다. 기후변화와 삼림벌채나 인공숲의 건설 등 삼림의 변화, 댐 건설 등 대규모 토목공사 등은 자연생태환경을 변화시키는 요소가 되어 예기치 않은 감염병의 출현과 유행의 요소가 되고 있다.

바이러스와 세균은 지속적으로 환경에 적응하면서 생존하기 때문에 새로운 항바이러스제나 항생제에 대하여 내성을 획득하는 것도 시간 문제이다. 이와 같이 자연계에서 신종 감염병의 원인이 될 수 있는 병원체는 환경의 변화에 따라 지속적으로 생성되고 변화하기 때문에 신종 감염병에 대한 예방과 관리에 인간-동물-환경을 아우르는 '원헬스'(One Health)[27] 전략이 필요하게 되었다.[28]

제1·2차 세계대전이 사람 간의 전이었다면, 제3차 세계대전은 인간과 바이러스의 전쟁이 될 것이라고 한다. 1958년 노벨의학상 수상자 '조슈아 레더버그'는 바이러스는 숙주가 죽으면 자신도 죽어 바이러스가 인류를 전멸시킬 가능성은 적지만 "바이러스가 미쳐 날뛰면 감당할 재간이 없다."라고 말한 바 있다. 에이즈나 에볼라 바이러스 같은 엄청난 파괴력을 가진 슈퍼바이러스(Virus X)가 출현한다면 인류를 멸망시킬 수도 있다. 문제는 바이러스가 눈에 잘 보이지 않는다는 것이다. 바이러스는 질병의 유행원인을 규명하고 예방약과 치료약을 개발하는 데 여러 달이 소요되어 감염병으로 인한 인간과 가축의 피해는 엄청나다는 것이다.

1918~1919년 스페인 독감이 유행하여 2,500만~5,000만명이 사망하였고, 1957년에 발병한 아시아 독감으로 2백만명의 인구가 사망하였으며, 1968년 홍콩독감의 유행으로 75만명이 사망하였다. 1980년 세계보건기구[29]는 두창이 지구상에서 박멸되었다고 선언하면서 향후

에는 감염병에 대한 위험이 없을 것으로 예측했다. 그러나 20세기 바이러스에 의한 감염병 중 가장 무서운 감염병으로 1981년 처음 보고된 에이즈로 인하여 연간 200만명 이상이 사망하여 현재까지 3,600만명이 사망하였다. 1997년 홍콩에서 최초로 발생한 조류독감의 유행으로 1,700명이 사망하였으며, 2002년 중국 광동성에서 발생하여 전세계에 유행한 SARS[30]로 인하여 8천명이 감염되어 774명이 사망하였다. 2008년 프리온(prion)이라는 단백질이 동물로부터 사람에게 전파시킨 인간광우병[31]은 사회적 물의를 일으켰다. 2009년 3월 북미 대륙에서 유행한 신종플루(신종인플루엔자)[32]가 214개국에 유행하여 18,500명이 사망하였고, 우리나라에서는 75만명이 발생하여 260명이 사망하였다. 2012~2015년 유행한 MERS[33]의 유행으로 1,599명이 감염되었고 574명이 사망하였으며, 우리나라에서는 186명이 발생하여 36명이 사망하였다.

2019년 12월 중국 우한에서 유행하기 시작한 Corona19[34]는 2020년 5월 16일 현재 4,590,775명 확진에 308,604명이 사망하여 최근에 유행한 감염병 중에서 가장 많은 사망자를 보이고 있으며, 2020년 7월경에야 종식될 것으로 예측되었으나, 최초 환자 발생한 지 두 달 만에 6개 대륙 204개국으로 확산됨에 따라, 세계보건기구 테드로스 아드하놈(Tedros Adhanom) 사무총장은 2020년 3월 11일 비상사태(Pandemic)[35]를 선언하면서 각국 정부가 공격적인 방역을 실시할 것을 권고하였다. 따라서 환자 발생은 2020년 내내 집단 또는 산발적으로 발생할 것으로 예측되고 있다. 유행 초기에 중국 우한시를 비판하였던 우리나라는 신천지대구교회와 청도대남병원을 중심으로 집단감염이 전국으로 확대 발생되자, 국민에게 집회, 결혼식 등 사람이 많이 모이는 곳을 자제해 달라는 요구를 하였다. 급기야는 베트남, 일본 등을 비롯한 183개국(2020. 5. 16 현재)에 달하는 외국정부가 우리나라 국민의 입국을 거부하거나 격리조치 등을 실시함으로써 세월호와 같은 커다란 배에 갇혀 어쩔 수 없이 지내는 우울증에 걸려 있는 상태이다. 또한 교회가 3월 한 달 동안 예배당에 출석하지 못하고 인터넷으로 예배를 드려야 하는 현실에 직면하지 않을 수 없다. 왜 이런 불행한 결과를 초래했을까. 코로나 바이러스의 침공은 자연의 질서를 잘 지키라는 여호와의 망령에 불순종하여 나타난 교만한 결과일 것이다.

코로나 바이러스는 동물과 동물, 사람에게까지 전염되는 인수공통 감염병이라는 것이다. 이 바이러스는 유전물질의 혼합과 사람에게 전이될 때 유행을 결정짓는 요인들이 아직 정확히 풀리지 않고 있다. 현재 인간과 동물 사이에 유행하는 이 바이러스는 인간이 자연환경을 파괴하는 등 자연에 대한 지배권을 남용한 결과인 것이다. 문제는 바이러스 감염병의 대 유행주기가 점점 빨라지고 있다는 것이다, 과거 100년 전에 스페인 독감이 유행하였는데, 2005년에 사스가 유행하였고,

이후 10년만인 2015년에 MERS가, 그 후 5년만인 2020년에 코로나
19가 유행하여 우리나라를 비롯한 많은 나라에 인명피해를 입히고 있
다, 2020년의 코로나19의 유행이 종료된 이후 언제 다시 신종 바이러
스가 유행할지 모른다는 것이다. 역대하 7장 13-14절에 전염병이 내
백성 가운데 유행하게 될 때에 악한 길에서 떠나 스스로 낮추고 기도
하여 내 얼굴을 찾으면, 내가 하늘에서 듣고 죄를 사하고 땅을 고친다
고 약속하셨다.

(표) 최근 유행한 질병별 역학적 특성

구분		SARS	MERS	Corona19(2020. 5. 16. 현재)
발견시기(년)		2002년	2012년	2019년
발견장소		중국 광동성	사우디아라비아	중국 우한시
유행시기(년)		2002~2003년	2015년	2020년
매개체		사향고양이	단봉낙타	박쥐(추정)
잠복기		2~7일(최장 14일)	5~6일(최장 14일)	2~4일(최장 14일)
발생/사망	세계	8,273/775[36]명 32국	1,599/574명[37] 25국	4,590,775/308,604명 214국
	한국	4/0 명	186/38명(2015.4~11)	11,037/262명(2019.12~)
치사율(%)	세계	9.6%	30~40(중동%)	6.72%
	한국	0%	20%	2.37%
전염성		MERS 〈 Corona19 〈 SARS		

3부

이스라엘 백성의 치유와 회복

3부
이스라엘 백성의 치유와 회복

7. 이스라엘 백성의 보건위생관리

(1) 손 씻기와 감염병 예방

질병을 예방하기 위해서는 회개하여 죄를 씻어내듯이 수시로 손을 깨끗이 씻어 바이러스를 씻어내야 한다. 중세 유럽에 페스트 대유행시 유럽 인구의 3분의 1인 2,500만 명이 페스트로 사망하였는데, 유목민들보다 농경민족의 피해가 가장 심했다. 그런데 피해가 가장 적었던 민족은 유태인이었다. 그들은 매주 예배드리기 위하여 몸을 정결하게 했기 때문에 피해가 가장 적었다고 한다. 출애굽기 30장(17-21절)에 의하면 물두멍을 만들어 물로 손과 발을 씻도록 하고 있으며 그렇지 않을 때에는 죽기를 면하지 못할 것이라고 경고하고 있다. 마가복음 7

장(1-5절)에 의하면 부정한 손 즉 씻지 않은 손으로 음식을 먹지 아니하며 또 시장에서 돌아와서는 물을 뿌리지 않고서는 먹지 않는다 하고 있다. 이것을 보면, 구약시대부터 손과 발을 씻는 것을 규율화하고 있음을 알 수 있다.

(2) 할례의식과 자궁경부암 예방

레위기 12장 2-3절에 할례는 모세의 율법에서 의무 요건이다. 남아의 생후 팔 일째 되는 날에, 아이의 포피의 살에 할례 해야 한다. 요한복음 7장 22-23절에 보면, 할례는 팔 일째 되는 날 과 안식일이 겹쳐도, 시행해야 했다. 팔 일째 되는 날이 할례를 하기에 좋은 근거가 있다. 생후 5일 내지 7일까지는, 비타민 K[38]인 혈액 응고 인자가 혈액 속에서 정상적인 양에 미치지 못한다. 프로트롬빈이라고 알려진 또 다른 응고 인자는 셋째 날에 정상치의 약 30% 밖에 안되지만, 여덟째 날에 아이에게서 그 어느 때 보다 높아 정상치의 110%나 된다. 이것은 출혈을 막는데 도움이 되었을 것이다. S. I. 맥밀런은 "비타민 K와 프로트롬빈에 대한 확인된 정보를 고려할 때 할례를 행하기에 완벽한 날은 팔 일째 되는 날, 즉 비타민 K를 만드신 창조주가 택하신 날이다."라고 하고 있다.[39]

여성의 자궁경부암의 발현과 높은 연관성을 보이는 것은 고위험군

HPV[40] 감염인데, 포경수술을 한 경우는 이 고위험 HPV 감염의 빈도가 63% 줄어드는 것으로 보고되고 있다. 많은 남성과 관계한 전력이 있는 여성일수록 해당 남성의 포경수술의 유무가 자궁경부암의 발생빈도를 그렇지 않은 경우에 비해 58% 더 낮게 나타난다고 보고되었다. 또한 포경수술을 하지 않고 성생활이 불결한 민족은 이스라엘 민족에 비하여 자궁경부암 발생 비율이 높은 것으로 보고되고 있다. 간접적인 영향이라고 할 수 있지만 포경수술을 시행하는 것이 HPV 감염을 줄이고 자궁경부암의 발생빈도도 줄일 수 있을 것이다. [41]

(3) 황금과 유향과 몰약

마태복음 2장(7-11절)에 의하면 헤롯이 별이 나타난 때를 묻고 동방박사들을 베들레헴으로 보냈으며, 그들은 아기 예수가 태어나 어머니 마리아와 함께 있는 것을 보고 엎드려 아기 예수께 경배하고 예물을 드렸다. 그들이 아기 예수에게 드린 예물은 황금과 유향과 몰약으로 그 당시 물물교환에 가장 많이 사용되었던 것이다. 황금과 두 가지 형태의 향료는 오늘날 여행자들이 여행자 수표를 가지고 다니는 것처럼, 동방박사가 말과 풍습이 다른 여러 나라를 거쳐 베들레헴까지 가는 것을 가능하게 한 물건이었다. [42]

동방의 현자들이 아기 예수께 황금과 유황과 몰약을 드렸는데, 황금은 주석에 의하면 Gold[43]라고 하지만, 고대 경전에서는 황금이 그

시대에 치료제로 사용되었던 향신료인 강황[44]이라고 한다. 이 강황(turmeric)은 성경에서뿐 아니라, 아율베다 의학(Ayurvedic medicine)으로도 수세기 동안 사용해왔다. 2천년 전으로 거슬러 가면 강황의 사용에 대한 중국의 기록도 있다. 강황은 해독제로 사용되었을 뿐만 아니라 향신료로도 사용되었다. 왕들이 중독되었을 때, 몸속의 독을 제거하기 위해서 강력한 혈액 클렌저 역할을 하는 강황을 사용하였다.

유향(乳香)은 유향나무에서 채취하는 고가의 수지류인데, 백색으로 종교의식에서 훈향료로 사용된다. 정신을 안정시키며 세포의 재생과 강박증과 우울증 치료에 효과가 있다. 예레미야 8장 21-22절에 그들(유다 백성)이 육신의 질병이 있다면 길르앗의 유명한 유향(乳香)을 약품으로 사용할 수 있고 명의를 데려올 수도 있지만 마음의 심한 부패에 관한 것이기에 어떤 방법도 없다는 것이다. 이것은 유향이 민간요법으로 널리 사용되고 있었음을 알 수 있다.

몰약(沒藥)은 몰약나무에서 채취하는 갈색의 수지류인데, 4천년 전 고대 이집트에서 사용되어 온 방향성 물질로 종교의식에 향을 피우거나 훈증소독에 사용했으며 고체향수와 미라의 방부제로도 사용했다. 이집트에서는 미라를 만들 때 몰약의 홍갈색 송진을 사용했는데 부패를 방지하는 항균작용이 강한 것으로 알려져 있다. 유대인들은 장례관습으로 몰약을 알로에와 혼합한 후 무명천에 적셔 시체를 감쌌다. 특히 16~18세기까지 300년간 유럽 최고의 명약으로 여겨

졌으며 각 가정마다 상비약으로 가지고 있었다. 몰약은 소염, 진통, 방부, 항우울증, 피부노화방지, 나병과 매독의 치료약으로도 사용되었다. 그리스 로마시대에는 뱀에 물렸을 때 해독하는 치료약으로 사용되었다는 기록이 있다. 최근에는 몰약이 항산화 작용과 암 전이 억제 효과가 있다는 것을 발견해 적극 활용하고 있다.

| 강황 | 유향나무와 유향 | 몰약나무와 몰약 |

(출 30:17) 여호와께서 모세에게 말씀하여 이르시되,

(출 30:18) 너는 물두멍을 놋으로 만들고 그 받침도 놋으로 만들어 씻게 하되 그것을 회막과 제단 사이에 두고 그 속에 물을 담으라.

(출 30:19) 아론과 그의 아들들이 그 두멍에서 수족을 씻되,

(출 30:20) 그들이 회막에 들어갈 때에 물로 씻어 죽기를 면할 것이요 제단에 가까이 가서 그 직분을 행하여 여호와 앞에 화제를 사를 때에도 그리 할지니라.

(출 30:21) 이와 같이 그들이 그 수족을 씻어 죽기를 면할지니 이는 그와 그의 자손이 대대로 영원히 지킬 규례니라.

(막 7:1) 바리새인들과 또 서기관 중 몇이 예루살렘에서 와서 예수께 모여들었다가,

(막 7:2) 그의 제자 중 몇 사람이 부정한 손 곧 씻지 아니한 손으로 떡 먹는 것을 보았더라.

(막 7:3) (바리새인들과 모든 유대인들은 장로들의 전통을 지키어 손을 잘 씻지 않고서는 음식을 먹지 아니하며

(막 7:4) 또 시장에서 돌아와서도 물을 뿌리지 않고서는 먹지 아니하며 그 외에도 여러 가지를 지키어 오는 것이 있으니 잔과 주발과 놋그릇을 씻음이러라.)

(막 7:5) 이에 바리새인들과 서기관들이 예수께 묻되 어찌하여 당신의 제자들은 장로들의 전통을 준행하지 아니하고 부정한 손으로 떡을 먹나이까.

(레 12:2) 이스라엘 자손에게 말하여 이르라. 여인이 임신하여 남자를 낳으면 그는 이레 동안 부정하리니 곧 월경할 때와 같이 부정할 것이며

(레 12:3) 여덟째 날에는 그 아이의 포피를 벨 것이요

(요 7:22) 모세가 너희에게 할례를 행했으니 (그러나 할례는 모세에게서 난 것이 아니요 조상들에게서 난 것이라) 그러므로 너희가 안식일에도 사람에게 할례를 행하느니라.

(요 7:23) 모세의 율법을 범하지 아니하려고 사람이 안식일에도 할례를 받는 일이 있거든 내가 안식일에 사람의 전신을 건전하게 한 것으로 너희가 내게 노여워하느냐.

(마 2:7) 이에 헤롯이 가만히 박사들을 불러 별이 나타난 때를 자세히 묻고

(마 2:8) 베들레헴으로 보내며 이르되 가서 아기에 대하여 자세히 알아보고 찾거든 내게 고하여 나도 가서 그에게 경배하게 하라.

(마 2:9) 박사들이 왕의 말을 듣고 갈새 동방에서 보던 그 별이 문득 앞서 인도하여 가다가 아기 있는 곳 위에 머물러 서 있는지라

(마 2:10) 그들이 별을 보고 매우 크게 기뻐하고 기뻐하더라

(마 2:11) 집에 들어가 아기와 그의 어머니 마리아가 함께 있는 것을 보고 엎드려 아기께 경배하고 보배합을 열어 황금과 유향과 몰약을 예물로 드리니라.

(렘 8:21) 딸 내 백성이 상하였으므로 나도 상하여 슬퍼하며 놀라움에 잡혔도다.

(렘 8:22) 길르앗에는 유향이 있지 아니한가. 그곳에는 의사가 있지 아니한가. 딸 내 백성이 치료를 받지 못함은 어찌 됨인고.

8. 입에서 나오는 양약과 독약

잠언의 다음 몇 구절들은 우리 입을 통해 나오는 말이 치료제가 될 수 있다고 말해주고 있다.

"칼로 찌름 같이 함부로 말하는 자가 있거니와 지혜로운 자의 혀는 양약과 같으니라"(잠 12:18).

"온순한 혀는 곧 생명 나무이지만 패역한 혀는 마음을 상하게 하느니라"(잠 15:4).

"선한 말은 꿀송이 같아서 마음에 달고 뼈에 양약이 되느니라"(잠 16:24).

가족이나 친구 혹은 이웃의 부드러우며 선한 말은 병상에 있는 자에게 위로가 되며 지혜로운 말은 마음의 상처를 받은 이에게 평안을 준다. 성경은 겸손하게 하나님을 경외하고 악에서 떠나는 것 자체가 우리 몸과 영혼을 윤택하게 하는 약이라고 한다(잠 3:7-8). 듣는 이의 병약함이나 보이지 않는 마음의 상처를 고려하지 않고 자신의 생각을 말로 다 표현할 때 듣는 이의 병과 상처는 더 깊어지게 마련이다. 이 말씀은 병문안할 때와 인간관계 속에서 상처받은 이들과 대화할 때 염두에 두어야 할 좋은 지침이 된다.

신앙인이 겪는 질병에 유익한 것이 있다면 병상 기도를 통해 하나님과 더욱 가까워지게 되는 것이다. 구약성경은 인간적인 치료법을 의지하기 전에 하나님께 우선 기도하는 것이 더 중요한 일임을 암시해 준다. 병중에 하나님께 기도하는 것은 인간이 하나님에 의해 창조된 피조물이라는 믿음을 전제한다. 하나님께서 자신을 경외하는 자들에게 주시는 마음의 화평이 바로 육신의 생명이 되어 삶에 대한 새로운 소망을 얻게 된다. 병상 기도가 죄의 용서와 영혼의 치유(시 41:4), 영혼을 음부에서 건져내어 주시기를 간구하는(시 6:4, 30:3) 기도를 동반한다.

육체의 활동을 제한받는 병상에서 인간은 정신적으로도 무기력해지기 쉬우며 죽음에 대한 두려움에 사로잡히기도 한다. 건강할 때 내 이웃을 내 몸과 같이 사랑하지 못한 것이 후회되기도 한다. 요한복음

(5:6-9)에 38년 된 병자는 예수께 이렇게 말했다. "주여, 아무도 나를 물에 넣어 줄 사람이 없어 내가 가는 동안에 다른 사람이 먼저 내려가나이다." 그는 자신이 진정으로 병 낫기를 원하는지 마음속 깊은 곳을 들여다보지 않았다. [45] 야고보서 5장 16절에 너희 죄를 서로 고백하며 병이 낫기를 위하여 서로 기도하라. 고 말씀하고 있다

(잠 3:7) 스스로 지혜롭게 여기지 말지어다. 여호와를 경외하며 악을 떠날지어다.
(잠 3:8) 이것이 네 몸에 양약이 되어 네 골수를 윤택하게 하리라.

(시 6:4) 여호와여 돌아와 나의 영혼을 건지시며 주의 사랑으로 나를 구원하소서.
(시 30:3) 여호와여 주께서 내 영혼을 스올에서 끌어내어 나를 살리사 무덤으로 내려가지 아니하게 하셨나이다.
(시 41:4) 내가 말하기를 여호와여 내게 은혜를 베푸소서. 내가 주께 범죄하였사오니 나를 고치소서 하였나이다.

(요 5:6) 예수께서 그 누운 것을 보시고 병이 벌써 오래된 줄 아시고 이르시되 네가 낫고자 하느냐
(요 5:7) 병자가 대답하되 주여 물이 움직일 때에 나를 못에 넣어주는 사람이 없어 내가 가는 동안에 다른 사람이 먼저 내려가나이다.
(요 5:8) 예수께서 이르시되 일어나 네 자리를 들고 걸어가라 하시니
(요 5:9) 그 사람이 곧 나아서 자리를 들고 걸어가니라.

9. 메시야가 우리 죄를 치유하기 위해 고난받으셨다.

이사야 선지자는 이사야 53장에서 먼저 메시야가 고난받으신 이유를 가르쳐주고 있다. "그는 실로 우리의 질고[46]를 지고 우리의 슬픔을 당하였거늘"(4절), "그가 찔림은 우리의 허물 때문이요 그가 상함은 우리의 죄악 때문이라"(5절), "여호와께서는 우리 모두의 죄악을 그에게 담당시키셨도다"(6절). 이사야 선지자는 아주 분명하고 명백하게 메시야가 고난받으시는 이유를 보여준다. 그것은 바로 우리 인간의 죄와 허물 때문이라는 것이다. 그분이 질고를 지셔야 했던 것도, 또 그분이 십자가상에서 하나님 아버지에게 버림받으시는 슬픔을 당하신 것도 우리 인간의 죄와 허물 때문이었다. 뿐만 아니라 그분께서 십자가의 고초를 겪으셔야 했던 것도 우리 인간의 죄악 때문이었다. 그래서 이사야 선지자는 하나님께서 우리 인간의 죄악을 친히 메시야에게 담당시키셨다고 지적하였다. 우리가 져야 할 고난의 무거운 짐, 바로 우리가 겪어야 할 고통의 짐을 그리스도에게 대신 지우셨다.[47]

그가 찔림은 우리의 허물 때문이며, 그가 상함은 우리의 죄악 때문이다. 그가 징계를 받음으로 우리가 평화를 누리고 그가 채찍에 맞음으로 우리가 치유되었다. 이것은 죄가 없는 하나님의 아들이 인간을 죄로부터 해방시키기 위하여 죄인들이 받아야 할 징계와 상처를 대신 받으심으로 이루어졌으며 하나님 자신의 뜻을 이루시기 위하여 택하신 치료 방법이다(사 53:10-12). 하나님께서는 독생자를 이 땅에 보내실 정도로 자신이 창조하신 세상을 너무나 사랑하셨다. 죄의 속성으로 인해 하나님과 멀어진 인간이 예수 그리스도를 통해 다시 가까워질 수 있게 되었다는(요 3:16) 말씀 속에서 인간의 본질과 예수 그리스도로 인해 치유 받은 우리의 영혼을 발견하게 된다.[48] "선한 양심을 가지라 이는 그리스도 안에 있는 너희의 선행을 욕하는 자들로 그 비방하는 일에 부끄럼을 당하게 하려 함이라. 선을 행함으로 고난 받는 것이 하나님의 뜻일진대 악을 행함으로 고난 받는 것보다 나으니라"(벧전 3:16-17)라고 선행을 강조하고 있다.

(사 53:5) 그가 찔림은 우리의 허물 때문이요 그가 상함은 우리의 죄악 때문이라 그가 징계를 받으므로 우리는 평화를 누리고 그가 채찍에 맞으므로 우리는 나음을 받았도다.

(사 53:10) 여호와께서 그에게 상함을 받게 하시기를 원하사 질고를 당하게 하셨은즉 그의 영혼을 속건제물로 드리기에 이르면 그가 씨를 보게 되며 그의 날은 길 것이요 또 그의 손으로 여호와께서 기뻐하시는 뜻을 성취하리로다.

(사 53:11) 그가 자기 영혼의 수고한 것을 보고 만족하게 여길 것이라. 나의 의로운 종이 자기 지식으로 많은 사람을 의롭게 하며 또 그들의 죄악을 친히 담당하리로다.

(사 53:12) 그러므로 내가 그에게 존귀한 자와 함께 몫을 받게 하며 강한 자와 함께 탈취한 것을 나누게 하리니 이는 그가 자기 영혼을 버려 사망에 이르게 하며 범죄자 중 하나로 헤아림을 받았음이니라.

그러나 그가 많은 사람의 죄를 담당하며 범죄자를 위하여 기도하였느니라.

구약시대의
질병 치유사역을 알아보자

4부
구약시대의 질병 치유사역을 알아보자

10. 하나님과 민간요법에 의존한 고대의 질병치유법

고대 이집트 파피루스와 메소포타미아 쐐기문자 토판에 의하면 고대 근동의 의술이 민간요법의 성격을 띠고 있다. 주전 16세기 이집트 에베르스 파피루스에(Ebers Papyrus)[49] 다음과 같은 여러 질병을 위한 민간요법 치료제가 언급되고 있다. 야등덩굴(Citrullus colocynthis)은 열왕기 하 4:39의 '야등덩굴'과 같은 것으로 알려져 있으며, 주로 아라바 광야에서 자라는 다년생 야생 식물이다. 줄기가 길고 잎이 포도덩굴 잎과 비슷하며 작은 수박처럼 생긴 열매('들외')에는 독성이 있다. 이 식물의 씨에 함유된 기름으로 불을 피우거나 치료제로 사용하였다.[50]

민간요법에 사용되었던 약재는 아주까리기름, 무화과, 양파, 석류 등과 같은 식물과 꿀, 나무에서 나오는 진(resin), 소금, 유향과 몰약과 같은 재료가 있다. 이러한 재료는 구약성경에서 엘리사 선지자가 여리고의 나쁜 물을 '소금'으로 고쳐 좋은 물을 만들고 여리고의 토산(土産)이 익지 못한 채 떨어지는 문제를 해결해 준 사건(왕하 2:19-22)과, 이사야 선지자가 '무화과 반죽'을 히스기야 왕의 환부에 발라 병을 낫게 한 사건(왕하 20:7)을 이해하는 데 도움이 된다. 이 사건들은 선지자들을 통해 병이 치료되고 물이 고침을 받아 죽음의 문 앞에서 생명이 회복되는 기적이 일어난 것을 말해주기 위한 것이나, 고대 이스라엘에도 고대 근동의 민간요법이 시행되고 있었음을 암시해 준다.

이스라엘 백성들은 주변 국가들과 달리 창조주 하나님에 대한 유일신 신앙에 따라 질병의 근원과 치유가 하나님의 손에 달려 있다고 믿었다. 따라서 질병을 치료하는 데 기도를 동반하며 하나님의 사람이나 선지자의 중재로 이루어진다. 아브라함의 기도로 하나님께서 그랄 왕 아비멜렉과 그의 아내와 여종을 치료하시고 출산하게 하신 일(창 20:17)과 엘리야 선지자가 사르밧 과부의 아들을 기도로 살린 사건(왕상 17:17-24) 등이 그 예이다. 현대의학의 시조라고 불리는 히포크라테스[51]는 이렇게 말했다. "약으로 치유할 수 없으면 쇠로 치유하고 쇠로 치유하지 못하면 불로 치유하며 불로 치유할 수 없다면 고치지 못한다." 현대의학으로 쇠는 수술 장비요, 불은 레이저이다. 쇠는 침일 수도 있고 불은 뜸일 수도 있다.[52]

(창 20:17) 아브라함이 하나님께 기도하매 하나님이 아비멜렉과 그의

아내와 여종을 치료하사 출산하게 하셨으니

(왕상 17:17) 이 일 후에 그 집 주인되는 여인의 아들이 병들어 증세가 심히 위중하다가 숨이 끊어진지라.

(왕상 17:18) 여인이 엘리야에게 이르되 하나님의 사람이여 당신이 나와 더불어 무슨 상관이 있기로 내 죄를 생각나게 하고 또 내 아들을 죽게 하려고 내게 오셨나이까

(왕상 17:19) 엘리야가 그에게 그의 아들을 달라 하여 그를 그 여인의 품에서 받아 안고 자기가 거처하는 다락에 올라가서 자기 침상에 누이고

(왕상 17:20) 여호와께 부르짖어 이르되 내 하나님 여호와여 주께서 또 내가 우거하는 집 과부에게 재앙을 내리사 그 아들이 죽게 하셨나이까 하고

(왕상 17:21) 그 아이 위에 몸을 세 번 펴서 엎드리고 여호와께 부르짖어 이르되 내 하나님 여호와여 원하건대 이 아이의 혼으로 그의 몸에 돌아오게 하옵소서 하니

(왕상 17:22) 여호와께서 엘리야의 소리를 들으시므로 그 아이의 혼이 몸으로 돌아오고 살아난지라.

(왕상 17:23) 엘리야가 그 아이를 안고 다락에서 방으로 내려가서 그의 어머니에게 주며 이르되 보라 네 아들이 살아났느니라.

(왕상 17:24) 여인이 엘리야에게 이르되 내가 이제야 당신은 하나님의 사람이시요 당신의 입에 있는 여호와의 말씀이 진실한 줄 아노라 하니라.

(왕하 2:19) 그 성읍 사람들이 엘리사에게 말하되 우리 주인께서 보시는 바와 같이 이 성읍의 위치는 좋으나 물이 나쁘므로 토산이 익지

못하고 떨어지나이다.

(왕하 2:20) 엘리사가 이르되 새 그릇에 소금을 담아 내게로 가져오라 하매 곧 가져온지라.

(왕하 2:21) 엘리사가 물 근원으로 나아가서 소금을 그 가운데에 던지며 이르되 여호와의 말씀이 내가 이 물을 고쳤으니 이로부터 다시는 죽음이나 열매 맺지 못함이 없을지니라 하셨느니라 하니

(왕하 2:22) 그 물이 엘리사가 한 말과 같이 고쳐져서 오늘에 이르렀더라.

(왕하 4:39) 한 사람이 채소를 캐러 들에 나가 들포도덩굴을 만나 그것에서 들호박을 따서 옷자락에 채워가지고 돌아와 썰어 국 끓이는 솥에 넣되 그들은 무엇인지 알지 못한지라.

(왕하 20:7) 이사야가 이르되 무화과 반죽을 가져오라 하매 무리가 가져다가 그 상처에 놓으니 나으니라.

11. 모세가 마라[53]의 쓴 물을 단물로 변화시킴

BC 1446년, 모세는 이스라엘 백성을 이끌고 출애굽의 여정에 나섰다. 출애굽에 참여한 숫자는 어른 60만명과 여인과 어린이 등 약 200만명으로 추산된다. 이들의 여로는 광야, 즉 사막이었으며 물을 담기 위해 가죽부대를 소지하고 있었다. 사막 여정에서 가장 절박하게 필요한 것은 물이었기 때문이다. 어린이와 노약자, 그리고 가

축들과 함께 3일 동안 물 없이 광야를 걸어야 했던 이스라엘 백성은 드디어 오아시스를 발견하였다. 그곳은 마라(출 15:23)였는데, 그곳의 물은 '쓴 물'이어서 마실 수 없었다. 이스라엘 백성들은 지도자 모세를 향해 불평과 불만을 늘어놨다. "우리가 무엇을 마셔야 한단 말이오"(출 15:24). 번민하던 모세는 선택의 여지가 없었다. 방법은 오직 하나뿐이었다. 입이 마르도록 여호와께 부르짖은 모세는 하나님께서 지시한 대로 나무를 물에 던졌다(출 15:25). 그 결과 쓴 물이 '단물'로 변해서 백성들이 물을 마실 수 있게 된 것이다.

마라의 쓴 물은 물속에 쓴맛을 내는 성분이 포함돼 있다는 것을 의미한다. 일반적으로 먹는 물로서 물은 두 가지 측면에서 논의될 수 있다. 물속의 다양한 성분 중 미네랄, 특히 마그네슘이온과 칼슘이온이 녹아있는 함량에 따라 센물과 단물로 나누어진다. 센물에는 이들이 다량 녹아 있는 반면 단물은 그렇지 않다. 우물물은 광야에 지하수가 흐르다가 지표면으로 노출된 것이기 때문에 센물이라 할 수 있으며, 강물은 단물에 속한다. 또한 물속의 수소이온농도(pH)[54]에 따라 산성, 중성, 알칼리성 물로 나눌 수 있다. 센물과 강산성물 그리고 강알칼리성물은 먹는 물로서 부적당하다. 센물과 강알칼리성물은 쓴맛을 내는 특징이 있다. 따라서 마라의 쓴 물은 먹는 물로 부적당한 센물이면서 강알카리성물이라는 것이다.[55]

쓴 물이 단물로 변하기 위해서는 산성 물질로 '중화'시켜야 한다.

출애굽기에서는 모세가 나무를 물에 던지니 쓴 물이 단물로 변했다고 하는데, 이것은 산성을 띤 나무가 쓴 물을 중화시켰음을 알 수 있다. 모세가 우물 속에 던진 나무는 마라 지역에 자생하는 가늘고 가시가 많은 관목인 구르쿠드와 종려나무 등 두 가지를 들 수 있다. 성경에 등장하는 종려나무는 야자나무의 일종인 대추야자나무[56]를 말한다. 구르쿠드나무와 대추야자나무의 열매는 산성을 띠고 있다. 하지만 구르쿠드나무의 열매는 극히 소량이어서 마라의 쓴 물을 중화시키기에는 한계가 있었을 것이다.

(출 15:22) 모세가 홍해에서 이스라엘을 인도하매 그들이 나와서 수르 광야로 들어가서 거기서 사흘길을 걸었으나 물을 얻지 못하고

(출 15:23) 마라에 이르렀더니 그 곳 물이 써서 마시지 못하겠으므로 그 이름을 마라라 하였더라.

(출 15:24) 백성이 모세에게 원망하여 이르되 우리가 무엇을 마실까 하매

(출 15:25) 모세가 여호와께 부르짖었더니 여호와께서 그에게 한 나무를 가리키시니 그가 물에 던지니 물이 달게 되었더라.[57] 거기서 여호와께서 그들을 위하여 법도와 율례를 정하시고 그들을 시험하실새

(출 15:26) 이르시되 너희가 너희 하나님 나 여호와의 말을 들어 순종하고 내가 보기에 의를 행하며 내 계명에 귀를 기울이며 내 모든 규례를 지키면 내가 애굽 사람에게 내린 모든 질병 중 하나도 너희에게 내리지 아니하리니 나는 너희를 치료하는 여호와임이라

12. 엘리사[58]가 여리고에서 독이 함유된 물을 치유함

엘리사는 첫 여정지, 여리고로 갔다. 여리고에 있는 선지자의 50명 제자들은 엘리사를 맞았을 때 그에게 하나님의 영이 거하시는 것을 알았다. "엘리야의 성령이 하시는 역사가 엘리사 위에 머물렀다"(왕하 2:15). 제자들이 엘리사에게 "우리 주인께서 보시는 바와 같이 이 성읍의 위치는 좋으나 물이 나쁘므로 토산(土産)이 익지 못하고 떨어지나이다"라고 하자, 엘리사 선지자는 여리고의 나쁜 물을 소금으로 고쳐 좋은 물을 만들고 여리고의 토산이 익지 못한 채 떨어지는 문제를 해결하였다(왕하 2:19–22).

여리고는 유대산지로부터 저지대로 흘러 들어가는 강과 넓은 평야가 있고, 종려나무와 무화과나무가 풍부했다. 뿐만 아니라 이곳에는 방향나무와 향기로운 수지를 내는 나무가 생산되었다. 또한 멀리 뒤로는 모압 산지가 병풍처럼 둘러쳐져 있어서 경치가 수려하여 사람이 살기에 적합한 지역이었다. 이러한 아름다운 성읍에 한 가지 결점이 있었다. 그것은 바로 물이 좋지 못하다는 것이었다. 여리고 주민들은 좋지 않은 물로 인하여 땅의 소산을 수확할 수 없을 뿐만 아니라 짐승들도 질병과 유산의 피해가 있었다. 이러한 이유로 주민들은 엘리사에게 도움을 요청했던 것이다.

소금은 부패를 방지하는 능력 때문에 생명의 능력을 상징하고, 새 그릇은 깨끗하고 정결하다는 점에서 새롭게 하는 것, 곧 하나님의 말씀의 새롭게 하는 능력을 상징한다. 그러므로 엘리사가 새 그릇에 담은 소금을 물의 근원에 던진 것은 하나님의 능력으로 그 물을 새롭게 하여 생명력을 불어넣는다는 상징적인 행동이다. [59]

(왕하 2:15) 맞은 편 여리고에 있는 선지자의 제자들이 그를 보며 말하기를 엘리야의 성령이 하시는 역사가 엘리사 위에 머물렀다 하고 가서 그에게로 나아가 땅에 엎드려 그에게 경배하고

(왕하 2:16) 그에게 이르되 당신의 종들에게 용감한 사람 오십명이 있으니 청하건대 그들이 가서 당신의 주인을 찾게 하소서 염려하건대 여호와의 성령이 그를 들고 가다가 어느 산에나 어느 골짜기에 던지셨을까 하나이다 하니 엘리사가 이르되 보내지 말라 하나

(왕하 2:19) 그 성읍 사람들이 엘리사에게 말하되 우리 주인께서 보시는 바와 같이 이 성읍의 위치는 좋으나 물이 나쁘므로 토산이 익지 못하고 떨어지나이다.

(왕하 2:20) 엘리사가 이르되 새 그릇에 소금을 담아 내게로 가져오라 하매 곧 가져온지라

(왕하 2:21) 엘리사가 물 근원으로 나아가서 소금을 그 가운데에 던지며 이르되 여호와의 말씀이 내가 이 물을 고쳤으니 이로부터 다시는 죽음이나 열매 맺지 못함이 없을지니라 하셨느니라 하니

(왕하 2:22) 그 물이 엘리사가 한 말과 같이 고쳐져서 오늘에 이르렀더라

13. 엘리사가 독이 함유된 들호박국을 해독시킴

이스라엘 땅에 극심한 흉년이 들었다. 사람들은 끼니마다 먹을 것을 구하는 것이 큰일이었다. 엘리사의 제자들도 예외는 아니었다. 그들은 먹을 것을 구하러 산과 들을 헤매다가 야등덩굴(들포도덩굴)을 발견하고 그 열매를 따서 국을 끓여 먹고자 했다. 평소 같으면 야등덩굴의 열매(들호박)[60]는 식용으로 사용하지 않았겠지만, 극심한 기근으로 열매를 따서 국을 끓였다. 하지만 그 열매 속에는 먹을 수 없을 만큼 쓴맛을 지닌 강한 독성이 있었다. 선지자의 생도들은 놀라 소리쳤다. "하나님의 사람이여 솥에 죽음의 독이 있나이다"(왕하 4:40). 이때 엘리사는 이적을 베풀었다. 가루를 솥에 넣으므로 죽음의 독을 제거했던 것이다. 이는 마치 여리고 성읍의 나쁜 물을 고치기 위해 물 근원에 소금을 넣은 것과 같다(왕하 2:19~22). 소금이나 가루 자체에 신비한 효능이 있다는 것은 아니다. 단지 이적을 나타내는 매개물로 이용되었을 것이다(왕하 4:38~41).[61]

엘리사 선지자가 길갈에서 선지자의 제자들이 먹던 들외(야등덩굴 열매)국의 독성을 제거하기 위해 사용한 '가루'가 무슨 가루인지 알 수 없으나 민간요법에 사용되던 해독제 역할을 하는 물질이었을 것으로 추정된다. 과거에 선지자들은 신성과 의성을 같이 담당하였음을 알 수 있는데 전통의사(한의사, 중의사, 몽의사, 월의사 등)들이 구비하였던 해독제인 강황을 상비약으로 가지고 다녔을 것이다. 다만, 들포도덩굴에서 열리는 열매는 당연히 들포도인데 성경에서는 들호박으로 언급하고 있어 논란의 대상이 되고 있다.

(왕하 4:38) 엘리사가 다시 길갈에 이르니 그 땅에 흉년이 들었는데 선지자의 제자들이 엘리사의 앞에 앉은지라 엘리사가 자기 사환에게 이르되 큰 솥을 걸고 선지자의 제자들을 위하여 국을 끓이라 하매

(왕하 4:39) 한 사람이 채소를 캐러 들에 나가 들포도덩굴을 만나 그것에서 들호박을 따서 옷자락에 채워가지고 돌아와 썰어 국 끓이는 솥에 넣되 그들은 무엇인지 알지 못한지라.

(왕하 4:40) 이에 퍼다가 무리에게 주어 먹게 하였더니 무리가 국을 먹다가 그들이 외쳐 이르되 하나님의 사람이여 솥에 죽음의 독이 있나이다 하고 능히 먹지 못하는지라.

(왕하 4:41) 엘리사가 이르되 그러면 가루를 가져오라 하여 솥에 던지고 이르되 퍼다가 무리에게 주어 먹게 하라 하매 이에 솥 가운데 독이 없어지니라.

(Kings II 4:38) Elisa returned to Gilgal and there was a famine in that region. While the company of the prophets was meeting with him, he said to his servant, "Put on the large pot and cook some stew for these men."

(Kings II 4:39) One of them went out into the fields to gather herbs and found a wild vine. He gathered some of its gourds and filled the fold of his cloak. When he returned, he cut them up into the pot of stew, though on one knew what they were.

(Kings II 4:40) The stew was poured out for the men, but as they

began to eat it, they cried out, "O man of God, there is death
in the pot!" And they could not eat it.

(Kings II 4:41) Elisa said, "Get some flour." He put it into the pot
and said, "Serve it to the people to eat." And there was nothing
harmful in the pot.

강황의 효능[62]

강황은 진도에서 많이 재배되는데 울금이라고도 부르며, 이는 1990
년대 일본큐수 남쪽지방에서 생산하고 있는 '우콘'이라고 부르는 강
황을 가져와 소득작물로 재배하기부터인데, 우리나라 말로 '울금'이
라고 한다. 식물분류학적으로 강황은 뿌리줄기이고 울금은 덩이줄
기라 한다. 강황은 생강과 유사하며 생강같이 손가락 끝처럼 굵은
형태가 생기면서 가지를 치나, 울금은 뿌리 끝이나 중간에서 생기며,
손가락 굵기 정도로 성장한다. 식품의약품안전처에서는 진도에서
생산하고 있는 울금과 강황을 동일한 것으로 규정하고 있다. 인도에
서 생산되는 것을 강황, 우리나라에서 생산된 것을 울금이라고 하는
데, 인도에서는 카레용으로 우리나라에서는 약용으로 재배하고 있
다. 강황은 맛과 냄새가 진하지만 울금은 색과 냄새가 연하며, 강황
은 진노랑, 울금은 흰색이다.

o **강황의 작용과 부작용** : 강황에 함유된 주성분인 황색의 커큐민
(curcumin)은 하루 섭취량은 5~10g이고 환으로는 20알 정도이다. 부
작용으로 복통이나 설사 등이 있다. 강황은 따뜻한 성질을 가지고
있으므로 몸에 열이 없는 체질이라면 강황이 좋다. 강황은 변을 부
르게 하고 소화를 촉진시키는 성질이 있으므로 다량 섭취하면 설사
와 복통을 일으킨다.

o **혈액 항응고 효과** : 혈액을 탁하지 않게, 혈전을 제거해주는 역할

은 좋으나 수술시, 혈관주사를 맞는 경우, 장출혈이 있거나 아스피
린계 혈압약 등을 복용하는 자는 금하여야 한다.

o **항 염증 효능** : 강황에 함유된 커큐민은 항염증 작용에 좋은 효과
를 가지고 있어 부상에 의한 근육통이나 타박상 그리고 관절염 등에
서 소염작용을 하여 치유에 도움이 된다.

o **간 해독기능** : 커큐민 성분이 풍부하여 간을 보호하며, 체내 흡수
된 알코올 분해효능이 뛰어나 숙취해소에 도움이 되는 등 해독기능
이 있다. 간세포를 재생시키는 작용을 하며 간암이나 간경화 등의
진행을 늦춰준다.

o **항암작용과 피부노화 예방** : 강황 중 커큐민과 투메린이라는 성
분은 암세포 생성이나 전이를 막아주는 효능이 있어 암의 예방과 진
행을 늦추는 데 도움을 준다. 특히 위암이나 대장암, 전립선암 등에
좋다. 이런 항산화 성분들은 피부 노화 예방에도 도움이 된다.

o **소화불량 해소** : 소화가 안 되거나 배에 가스가 찰 때 강황가루가
들어간 카레를 먹으면 좋다. 강황에 있는 커큐민 성분이 소화력을
높이는 담즙의 생성을 도와주어 소화력을 높여주기 때문이다.

o **치매예방** : 강황가루가 치매에 좋은 것은 커큐민 성분 때문이다.
커큐민 성분이 체내에 들어오면 뇌신경 및 뇌세포의 활동을 활발하게
하여 기억력을 향상시키고 치매를 예방해 준다. 강황을 즐겨 먹는 진
도에서는 치매에 걸린 노인이 거의 없다. 90세가 된 노인이 농사일을
하며, 인도에서는 강황가루가 들어간 카레를 주식으로 먹고 있어 치
매 환자의 비율이 낮다.

o **면역력 증진** : 강황에는 면역력을 증진 시켜주는 다양한 성분이 있
어 계속하여 강황을 섭취하면 겨울철에 감기와 각종 질병의 예방에
도움을 준다. 강황을 즐겨 섭취하는 인도인들은 감기에 잘 걸리지
않는다고 한다.

o **여성질환 개선** : 강황은 몸속에 뭉쳐있는 어혈을 풀어주어 생리통이나 월경불순, 무월경 등의 여성질환을 개선하는 데 효능이 있다. 생리통이 심하다거나 산모들이 먹으면 좋다.

o **소염진통효과** : 인도에서는 강황가루를 소염진통제로 이용하였으며 염증치료나 진통해소에 도움을 준다. 강황가루를 상처부위에 뿌려주면 효과를 볼 수 있으며, 생리통, 근육통, 두통에 좋다.

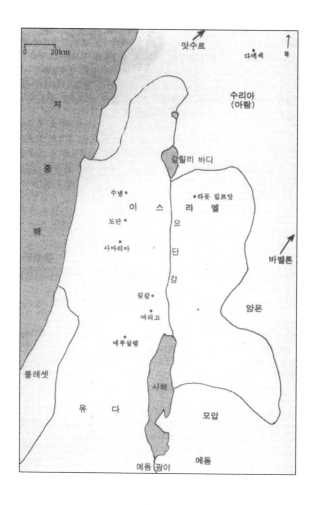

14. 엘리사로부터 한센병을 치유받은 나아만 장군

　나아만이 엘리사의 집 문 앞에 왔을 때 엘리사는 그를 직접 만나지 않고, 다만 그의 사자를 보내어 그의 한센병을 치료할 수 있는 방법만을 알려 주었다. 엘리사가 직접 나와서 나아만의 높은 계급에 적합한 예절을 다하지 않았던 것은 선지자의 위신을 고려하지 않았거나 율법에서 금한 한센병자와의 접촉을 꺼렸기 때문이 아닐 것이다. 그것은 한센병을 고치고자 한 나아만으로 하여금 이 세상의 명예와 부귀영화가 한때뿐인 들의 꽃과 같음을 깨닫게 하여 인생의 주관자이신 하나님께 겸손하게 무릎을 꿇도록 하게 하기 위함이었을 것이다.

　나아만이 분노한 이유는 선지자 엘리사의 냉담한 태도와 그의 치료 방법 때문이었다. 나아만은 자신의 신분과 지위를 볼 때 자신의 불치병을 고치기 위해서 엘리사가 친히 나와서 장엄한 종교의식을 베풀어 주리라고 기대하였을 것이다. 그런데 엘리사는 자신을 마중해 주지 않았을 뿐 아니라 오히려 요단강에 일곱 번 씻으라는 도저히 납득할 수 없는 치료방법을 제시하자 결국 분노가 폭발하였다. 그러나 나아만은 치료에 앞서서 겸손한 믿음과 순종을 배워야만 했다. 그래서 엘리사는 냉담하게 나아만을 대하므로 그의 교만을 무너뜨리고 겸손을 가르치고자 한 것이다.

　나아만은 불치병으로 죽을 수밖에 없는 상황이었으며 불치병을 치료받기 위해 어떠한 일이라도 해야 할 처지였다. 그의 처지에 비하면 선지자가 명한 것은 장기간 치료를 요하는 것도 고통스러운 치료방법도 아닌 단지 순종하면 되는 것이었다. 이와 같은 사실을 깨달은 종들이었기에 나아만에게 엘리사의 명령을 순종하도록 권유하였던 것이다. 나아만은 종들의 말을 듣고 다시금 자신의 생각을 고쳐 엘리사가 명한 대로 요단강[63]물에 그의 몸을 일곱 번 담갔다. 이러한 순종을 통하여 한센병에서 고침받고 그 살이 어린아이 살 같이 되는 축복을 받았다. [64]

아람(현재의 시리아)의 군대장관 나아만은 한센병을 앓고 있었다. 그것은 전염성 피부병으로, 피부가 심하게 문드러지고 변형되는 증상이다. 한센병 환자들은 흉한 외모 탓에 늘 사회에서 멸시받았고, '부정한 자'라는 낙인이 찍힌 채 사람들로부터 외면당했다. 하늘이 내린 벌, '천형(天刑)'이라 했다. 어느 날 나아만은 이스라엘의 선지자 엘리사가 자신의 한센병을 고칠 수 있을 것이라는 말을 듣고 그를 찾아갔다. 병이 낫는다는 기대를 갖고 엘리사의 집을 찾아간 나아만에게 엘리사는 사람을 보내 지시했다. "너는 요단강으로 가서 몸을 일곱[65] 번 씻으라. 그리하면 네 살이 깨끗해질 것이다." 나아만은 화가 났다. 이스라엘에서 유명하다는 선지자가 내린 처방이 고작 요단강에서 몸을 씻으라는 것이니 말이다. 그는 엘리사가 직접 자신에게 와서 상처 위에 손을 얹고 하나님의 이름을 부르며 병을 치료해줄 것이라 기대했을 것이다. 나아만은 화가 나서 엘리사의 집을 떠난다. 그때 나아만의 종들이 그를 설득하며 말했다. "만일 그 선지자가 이보다 더 어려운 일을 하라고 했다면 장군은 그것을 하지 않았겠습니까? 그러나 몸을 씻어 깨끗이 되라고 하는데 어째서 장군은 그것도 못하십니까?" 결국 나아만은 종들의 말을 듣고 요단강으로 가서 엘리사의 말대로 몸을 일곱 번 씻었다. 그러자 한센병이 나았고, 그의 피부는 어린아이의 살결처럼 깨끗해졌다. 나아만의 이야기는 진정한 순종이 어떤 것인가를 보여준다.

무언가 특별한 치료법을 기대했던 나아만과는 달리, 하나님의 선지자 엘리사는 사람들의 상식과는 다른 방법을 제시했다. 강물에 일곱 번 몸을 담그라는 것 자체가 상식적인 방법은 아닌 데다가 요단강의 물은 피부병을 낫게 할 만큼 깨끗한 물도 아니었다. 오물들로 넘쳐나는 요단강에 몸을 씻는다면 병이 낫기는커녕 오히려 더 악화될 것이 뻔했다. 그러나 하나님의 생각은 달랐다. 다메섹강이 아무리 맑고 깨끗하다 할지라도 오직 요단강에 몸을 일곱 번 담그라는 것이다. 엘리사의 말을 듣기로 한 나아만은 요단강에 몸을 씻었고, 그 즉시 병이 낫는 기적을 체험했다. 만일 종들의 설득을 무시하였더라면 그는 아마 죽을 때까지 한센병을 안고 살아야만 했을 것이다.

(왕하 5:10) 엘리사가 사자를 그에게 보내 이르되 너는 가서 요단강에

몸을 일곱 번 씻으라 네 살이 회복되어 깨끗하리라 하는지라.
(왕하 5:14) 나아만이 이에 내려가서 하나님 사람의 말대로 요단강에
일곱 번 몸을 잠그니 그의 살이 어린아이의 살 같이 회복되어 깨끗하
게 되었더라.

15. 이사야[66]가 히스기야 왕의 종처를 치유함

열왕기하 20장 1-3절에 "히스기야가 병들어 죽게 되매 아모스의 아
들 선지자 이사야가 그에게 나아와서 그에게 이르되 여호와의 말씀이
너는 집을 정리하라 네가 죽고 살지 못하리라 하셨나이다. 히스기야
가 낯을 벽으로 향하고 여호와께 기도하여 이르되 여호와여 구하오
니 내가 진실과 전심으로 주 앞에 행하며 주께서 보시기에 선하게 행한
것을 기억하옵소서 하고 히스기야가 심히 통곡하더라"라고 기록하고
있다. 이사야 38장 16절에 의하면 "주여 사람이 사는 것이 이에 있고
내 심령의 생명도 온전히 거기에 있사오니 원하건대 나를 치료하시며
나를 살려 주옵소서"라고 간절히 기도하는 모습을 볼 수 있다. 히스기
야와 같이 구체적으로 간구한 기도는 구체적인 응답을 얻는다.[67]
"너는 집을 정리하라" 이 말의 의미는 왕이 중병에서 회복되지 못할
것이므로 모든 것을 정리하고 죽을 준비를 하라는 것이다. 임종을 앞
두고서 왕실과 국사를 위해서 필요한 모든 조치를 취하라는 것이다.

"네가 죽고 살지 못하리라" 이는 히스기야의 병이 치명적인 것임을 암시한다. 즉 인간의 어떤 방법으로도 결코 고칠 수 없어 죽음을 맞이하게 될 것임을 말하고 있다. 동시에 이는 전적으로 하나님의 기적적인 도움이 있어야 하며 그것만이 문제 해결의 열쇠임을 밝히는 말이다. "낯을 벽으로 향하고" 이는 다른 사람들을 물리친 후 하나님께 전적으로 매달리는 행동이다. 즉 죽음을 선고받은 히스기야는 마지막으로 하나님께 매달려 진심으로 기도한 것이다. 그리고 그의 간절한 기도는 하나님에게 응답을 받은 것이다.

히스기야 왕의 환부가 '종처'(腫處)라는 말이 언급되는데, 이것은 '종기가 난 자리'라는 뜻이다. 그러므로 히스기야 왕의 병이 곧 종기임을 알 수 있다. 종기 때문에 죽기에 이르렀다는 것이 이상할 수 있으나 이 당시 그 병이 얼마나 심각하였는지 알 수 있다. 이 병은 급성 피부병으로 심하면 패혈증을 일으켜 죽기도 하였다. 고대 근동에서는 위와 같은 종기가 생겼을 때 무화과 반죽으로 치료하였다. 이것은 오늘날에도 민간요법으로 전해져 오고 있으며 무화과 잎은 일종의 항생제로 사용되었던 것이다. [68]

무화과는 뽕나무과 무화과속에 속하는 낙엽 관목으로서 그 뿌리(무화과근), 잎(무화과엽)도 약용으로 사용한다. 효능은 강장제, 항염증, 소화작용, 변비치료, 각종 암(위암. 인후암. 선암. 자궁경부암. 방광암. 폐암), 종기, 피부병, 부스럼 등을 치료하는 데 사용한다. [69]

(왕하 20:1) 그 때에 히스기야가 병들어 죽게 되매 아모스의 아들 선지자 이사야가 그에게 나아와서 그에게 이르되 여호와의 말씀이 너는 집을 정리하라 네가 죽고 살지 못하리라 하셨나이다

(왕하 20:2) 히스기야가 낯을 벽으로 향하고 여호와께 기도하여 이르되

(왕하 20:3) 여호와여 구하오니 내가 진실과 전심으로 주 앞에 행하며 주께서 보시기에 선하게 행한 것을 기억하옵소서 하고 히스기야가 심히 통곡하더라

(왕하 20:6) 내가 네 날에 십오년을 더할 것이며 내가 너와 이 성을 앗수르 왕의 손에서 구원하고 내가 나를 위하고 또 내 종 다윗을 위하므로 이 성을 보호하리라 하셨다 하라 하셨더라.

(왕하 20:7) 이사야가 이르되 무화과 반죽을 가져오라 하매, 무리가 가져다가 그 상처에 놓으니 나으니라.

(사 38:16) 주여 사람이 사는 것이 이에 있고 내 심령의 생명도 온전히 거기에 있사오니 원하건대 나를 치료하시며 나를 살려 주옵소서.

(사 38:21) 이사야가 이르기를 한 뭉치 무화과를 가져다가 종처에 붙이면 왕이 나으리라 하였고

16. 욥의 회개

순전하고 정직하여 하나님을 경외하며 악에서 떠난 욥이 갑작스런 재난으로 그의 자녀와 소유를 다 잃은 후 자신의 몸에 난 악창으로 고통을 겪는 등, 마음을 정결하게 하고 죄를 멀리하는 자가 종일 재앙을

만나는 경우를 보게 된다. 반면에 악하고 오만하며 강포할 뿐만 아니라 하나님을 모욕하는 자들이 고난이나 재앙을 만나지 않고 건강하게 부를 누리다가 고통 없이 죽는 경우도 있다.

욥은 "주신 이도 여호와시요 거두신 이도 여호와시오니 여호와의 이름이 찬송을 받으실지니이다 하고 이 모든 일에 욥이 범죄하지 아니하고 하나님을 향하여 원망하지 아니하니라"(욥 1:20–22)라고 할 때에 하나님께서는 참기 어려운 고통의 시험을 이기고 승리한 욥에게 갑절이나 더한 축복을 허락하셨다.

욥은 하나님의 절대적 주권을 부인한 적은 없었지만 그 시대의 사람들과 마찬가지로 세속적 인과응보론적 경지에서 인간사를 이해하는 등 하나님의 섭리에 대한 관념이나 구원에 대한 생각 등이 미흡했다. 그는 무죄한 자신이 고통받는 것에 대하여 회의를 품었을 뿐만 아니라 인간의 근본적인 죄성을 무시하고 하나님 앞에서 지나치게 자신의 의로움을 내세우는 실수를 범했다(욥 23:2–7). 그러나 욥은 하나님께서 친히 말씀하신 교훈을 통해 자신의 그러한 행위가 매우 교만하고 패역한 행위라는 것을 깨달았다. 이에 욥은 하나님에게 자신의 죄를 철저히 회개하는 겸허한 모습을 보여준다.[70]

욥과 시편 기자의 질병과 재앙에 대한 이해는 전통적인 인과응보 원리사상과는 다르다. 그들은 "우리가 하나님께 복을 받았은즉 화도 받지 아니하겠느냐"(욥 2:10), "내 육체와 마음은 쇠약하나 하나님은 내 마음의 반석이시요 영원한 분깃이시라"(시 73:26)고 함으로써 하나님을 무조건적으로 의지하는 성숙한 신앙인의 모습을 보여준다. 그들의 육체가 건강하지 못하고 뜻밖의 재난으로 삶의 평화로움이 깨어졌을지라도 여전히 하나님을 경외하고 신뢰할 수 있었던 것은 하나님과 가까이 있는 것 자체가 이미 받은 복이고(시 73:28) 하나님께서 하시는 일을 인간이 모두 알 수 없기 때문이다(욥 42:2-3).

순전하고 정직하여 하나님을 경외하며 악에서 떠난(욥 1:1, 8, 2:3) 욥이 갑작스런 재난으로 그의 자녀와 소유를 모두 잃은 후(욥 1:13-19) 자신의 온몸에 난 악한 종기로 고통을 겪는모습을 보게 된다(욥 2:7). 이렇게 마음을 정결하게 하고 죄를 멀리하는 자가 종일 재앙을 만나는 반면 악하고 오만하며 강포할 뿐 아니라 하나님을 모욕하기까지 하는 자들이 이 세상에서 고난이나 재앙을 만나지 않고 건강하게 부를 누리다가 고통 없이 죽는 경우도 있다(시 73:3-12).

이처럼 질병과 치유에 대한 서로 다른 이해는 우리 각 개인의 삶 속에서도 발견된다. 때로는 우리에게 혹은 우리 가족이나 이웃에게 닥친 특정한 질병이 하나님의 뜻대로 살지 않았기 때문에 온 징계의 표시로 받아들여지기도 하지만, 때로는 질병의 직접적인 원인이나 이유를 순종과 불순종의 원리에 비추어 뚜렷이 지적하기 어려운 경우도 있다.

위에서 이미 살펴본 바와 같이 육체의 건강과 질병이 하나님의 사랑과 징계에 대한 자동적인 표시가 되지 않는다. 그들이 겪는 질병과 재난의 고통을 통해 하나님의 능력과 사랑이 소유한 재물의 정도나 육체의 편안함으로 측정될 수 없음을 명백히 보여준다.

(욥 1:1) 우스 땅에 욥이라 불리는 사람이 있었는데 그 사람은 온전하고 정직하여 하나님을 경외하며 악에서 떠난 자더라.

(욥 1:8) 여호와께서 사탄에게 이르시되 네가 내 종 욥을 주의하여 보았느냐. 그와 같이 온전하고 정직하여 하나님을 경외하며 악에서 떠난 자는 세상에 없느니라.

(욥 1:13) 하루는 욥의 자녀들이 그 맏아들의 집에서 음식을 먹으며 포도주를 마실 때에

(욥 1:14) 사환이 욥에게 와서 아뢰되 소는 밭을 갈고 나귀는 그 곁에서 풀을 먹는데

(욥 1:15) 스바 사람이 갑자기 이르러 그것들을 빼앗고 칼로 종들을 죽였나이다. 나만 홀로 피하였으므로 주인께 아뢰러 왔나이다.

(욥 1:16) 그가 아직 말하는 동안에 또 한 사람이 와서 아뢰되 하나님의 불이 하늘에서 떨어져서 양과 종들을 살라 버렸나이다. 나만 홀로 피하였으므로 주인께 아뢰러 왔나이다

(욥 1:17) 그가 아직 말하는 동안에 또 한 사람이 와서 아뢰되 갈대아 사람이 세 무리를 지어 갑자기 낙타에게 달려들어 그것을 빼앗으며 칼로 종들을 죽였나이다. 나만 홀로 피하였으므로 주인께 아뢰러 왔나이다.

(욥 1:18) 그가 아직 말하는 동안에 또 한 사람이 와서 아뢰되 주인의 자녀들이 그들의 맏아들의 집에서 음식을 먹으며 포도주를 마시는데

(욥 1:19) 거친 들에서 큰 바람이 와서 집 네 모퉁이를 치매 그 청년들

위에 무너지므로 그들이 죽었나이다 나만 홀로 피하였으므로 주인
께 아뢰러 왔나이다 한지라.

(욥 1:20) 욥이 일어나 겉옷을 찢고 머리털을 밀고 땅에 엎드려 예배
하며

(욥 1:21) 이르되 내가 모태에서 알몸으로 나왔사온즉 또한 알몸이
그리로 돌아가올지라 주신 이도 여호와시요 거두신 이도 여호와시
오니 여호와의 이름이 찬송을 받으실지니이다 하고

(욥 1:22) 이 모든 일에 욥이 범죄하지 아니하고 하나님을 향하여 원
망하지 아니하니라

(욥 2:3) 여호와께서 사탄에게 이르시되 네가 내 종 욥을 주의하여 보
았느냐 그와 같이 온전하고 정직하여 하나님을 경외하며 악에서 떠
난 자가 세상에 없느니라 네가 나를 충동하여 까닭 없이 그를 치게
하였어도 그가 여전히 자기의 온전함을 굳게 지켰느니라.

(욥 2:7) 사탄이 이에 여호와 앞에서 물러가서 욥을 쳐서 그의 발바닥
에서 정수리까지 종기가 나게 한지라

(욥 2:10) 그가 이르되 그대의 말이 한 어리석은 여자의 말 같도다. 우
리가 하나님께 복을 받았은즉 화도 받지 아니하겠느냐 하고 이 모
든 일에 욥이 입술로 범죄하지 아니하니라.

(욥 23:2) 오늘도 내게 반항하는 마음과 근심이 있나니 내가 받는 재
앙이 탄식보다 무거움이라

(욥 23:3) 내가 어찌하면 하나님을 발견하고 그의 처소에 나아가랴

(욥 23:4) 어찌하면 그 앞에서 내가 호소하며 변론할 말을 내 입에 채
우고

(욥 23:5) 내게 대답하시는 말씀을 내가 알며 내게 이르시는 것을 내
가 깨달으랴

(욥 23:6) 그가 큰 권능을 가지고 나와 더불어 다투시겠느냐 아니

로다 도리어 내 말을 들으시리라.

(욥 23:7) 거기서는 정직한 자가 그와 변론할 수 있은즉 내가 심판자에게서 영원히 벗어나리라.

(욥 42:2) 주께서는 못하실 일이 없사오며 무슨 계획이든지 못 이루실 것이 없는 줄 아오니

(욥 42:3) 무지한 말로 이치를 가리는 자가 누구니이까 나는 깨닫지도 못한 일을 말하였고 스스로 알 수도 없고 헤아리기도 어려운 일을 말하였나이다.

(욥 42:5) 내가 주께 대하여 귀로 듣기만 하였사오나, 이제는 눈으로 주를 뵈옵나이다.

(욥 42:6) 그러므로 내가 스스로 거두어들이고 티끌과 재 가운데에서 회개하나이다.

(시73:3~4) 이는 내가 악인의 형통함을 보고 오만한자를 질투하였음이로다. 그들은 죽을 때에도 고통이 없고 그 힘이 강건하며

(시73:5~6) 사람들이 당하는 고난이 그들에게는 없고 사람들이 당하는 재앙도 그들에게는 없나니, 그러므로 교만이 그들의 목걸이요 강포가 그들의 옷이며

(시73:7~8) 살찜으로 그들의 눈이 솟아나며 그들의 소득은 마음의 소원보다 많으며, 그들은 능욕하며 악하게 말하며 높은 데서 거만하게 말하며

(시73:9~10) 그들의 입은 하늘에 두고 그들의 혀는 땅에 두로 다니도다. 그러므로 그의 백성이 이리로 돌아와서 잔에 가득한 물을 다 마시며

(시73:11~12) 말하기를 하나님이 어찌 알랴 지존자에게 지식이 있으랴 하는 도다. 볼지어다 이들은 악인들이라도 항상 평안하고 재물

은 더욱 불어나도다

(시 73:26) 내 육체와 마음은 쇠약하나 하나님은 내 마음의 반석이시요 영원한 분깃이시라.

(시 73:28) 하나님께 가까이 함이 내게 복이라. 내가 주 여호와를 나의 피난처로 삼아 주의 모든 행적을 전파하리이다.

5부

예수님과 제자들의 치유 사역을
알아보자

5부
예수님과 제자들의 치유 사역을 알아보자

17. 4복음서에 나타난 예수님의 치유사역

예수님의 3년 공생애 기간 동안 치유된 사례들은 예수님 이전에 치유하였던 사례보다 훨씬 많다. 메시야가 오심으로 죄에 대한 징벌로서 질병이나 순종에 대한 보상으로서 치유가 아니라 질병은 죄의 영향으로, 그 기원은 악에 있는 것으로 나타나고 있다. 복음서의 많은 부분이 예수님의 치유사역과 관련된 일들에 관하여 기록하고 있다.

(1) 치유사역

귀신 들린 자, 죽은 자, 간질하는 자를 치유하심 : 예수님이 회당에서 더러운 귀신들린 사람을 향하여 "잠잠하고 그 사람에게서 나오라" 고 명령하셨을 때 더러운 귀신이 그 사람에게 경련을 일으키고 큰소리를 지르며 나왔다(막 1:23-26). 누가복음 8:49-55에 보면 회당장 야이로의 죽은 딸을 살리고, 누가복음 7:11-15에 나인이란 성에서 죽은 과부의 아들을, 요한복음 11:38-44에 죽은 지 나흘이 되어 이미 부패하여 냄새가 나는 나사로를 살렸다. 마태복음 17:14-18에 귀신들려 간질하는 자를 치료하였고, 많은 귀신들린 자들과 모든 병자를 치유하였다(마 8:16, 막 1:34, 눅 4:40).

맹인, 말 못하는 자, 귀먹은 자를 치료하심 : 마가복음 8:22-25에 맹인을 치료하였고, 마태복음 12:22에 귀신들려 눈 멀고 말 못하는 자를 치료하였다. 마가복음 7:32-35에 귀먹고 말 더듬는 자를 치료하셨다.

열병, 중풍병자, 손 마른 자[71], 혈루증 환자, 수종병[72]을 치료하심 : 누가복음 4:38-39에 열병에 걸린 베드로의 장모집에 가서서 열병을 꾸짖었을 때 병이 떠났다. 질병은 악한 것이므로 꾸짖어야 한다. 환영의 대상이 아니다. 질병이 인격을 가지고 있으며 그 배후에 악한 영이 있음을 보여주고 있다.[73] 또 예수님은 중풍병자를 치료하셨다(마 8:5-13). 안식일에 회당에 들어가 손 마른 자를 발견하고 "손을 내밀라" 고 명령함으로 고쳐주신 내용이 기록되어 있다(마 12:10-13). 12년 동안 혈루증으로 고통당하던 여인을 치료하셨다(마 9:20-22). 누가복음 14:2-4에 보면, 수종병 든 자를 안식일에 고치셨다.

> (눅 4:38-39) 예수께서 일어나 회당에서 나가사 시몬의 집에 들어가시니 시몬의 장모가 중한 열병을 앓고 있는지라 사람들이 그를 위하여 예수께 구하니, 예수께서 가까이 서서 열병을 꾸짖으신대 병이 떠나고 여자가 곧 일어나 그들에게 수종드니라.

(2) 제자들과 믿는 자에게 치유권능 부여

제자들에게 치유권능 부여 : 마태복음 10:1[74]에 12 제자를 부르시고 더러운 귀신을 쫓아내며, 모든 병과 모든 약한 것을 고치는 권능을 주셨다. 누가복음 10:1-9에 따로 70인의 제자를 세우고 두 명씩 짝을 지어 각동 각처로 보내면서 병든 자를 고치는 능력을 주셨다.

믿는 자들에게 치유권능 부여 : 마가복음 16:17-18에 예수가 믿는 자에게 예수의 이름으로 귀신을 쫓아내며 새 방언을 말하며 뱀을 집으며 무슨 독을 마셔도 해롭지 아니하며 병든 사람에게 손을 얹으면 치유가 나타나는 능력을 주셨다고 했다.

딸의 암을 기도와 의사의 진료로 완치된 사례[75]를 소개한다. "의사는 딸의 암에 대하여 6~8개월의 화학요법과 방사선 치료가 필요하다고 하였다. 지인들로부터 격려와 더불어 성경구절을 소개받았다. '이 병은 죽을 병이 아니라 하나님의 영광을 위함이요 하나님의 아들이 이로 말미암아 영광을 받게 하려 함이라'(요 11:4) 하면서 딸의 회복을 위하여 합심하여 기도하기 시작했다. 성경본문을 읽고, 기도드리며, 친지들로부터 위로와 기도하는 횟수가 많아지면서 하나님께서 역사하고 계시다는 느낌이 강하게 왔다. 3개월간의 진료 후에 검사결과 믿기지 않은 일이 발생했다. 담당의사는 '저희로서는 이해할 수 없습니다. 검사결과 음성으로 나왔습니다.' 할렐루야. 하나님은 믿는 자에게 치유권능을 주셨습니다."

18. 사도행전에 나타난 제자들의 치유사역

사도행전에 예수와 사도들의 복음 사역이 나타난다. 예수로부터 권능을 이어받은 베드로가 복음을 전하고 앉은뱅이를 고쳤으며, 바울도 복음을 전하고 병자를 고쳤다.[76]

(1) 베드로(The Apostle Peter)의 치유사역

나면서 못 걷게 된 이와 중풍병자를 치료함 : 사도행전 3:1-10에, 베드로가 9시에 성전으로 올라갔을 때, 미문에 앉아 날마다 구걸하는 나면서 못 걷게 된 이를 만나 은과 금은 내게 없지만 내게 있는 이것을 네게 주나니 나사렛 예수 그리스도의 이름으로 걸으라고 하면서 오른손을 잡아 일으키니 발과 발목이 힘을 얻고 뛰어 서서 걸으며 성전으로 들어가면서 하나님을 찬송하였다. 사도행전 9:32-35에 베드로가 룻다에 복음 전하러 내려갔다가 그곳에서 중풍병에 걸린 지 8년된 애니아를 만나 치료하였다.

　귀신들린 자, 병든 자 치료하고 죽은 자를 살림 : 사도행전 5:14-16에, 각종 병든 자와 귀신들린 자들이 베드로가 지나갈 때 그림자라도 덮일까 바라고 거리에 나가 다 나음을 얻었다. 사도행전 9:36-42에 베드로가 룻다에서 가까운 욥바에 있을 때에 선행과 구제를 많이 하는 다비다(도르가)가 병들어 죽었는데 하나님께 무릎 꿇고 기도하고 시체를 향하여 "다비다야 일어나라"고 명령하여 살렸다.

　(2) 바울(The Apostle Paul)의 치유사역

　귀신들려 점치는 자를 치료함 : 사도행전 16:16-18에 바울이 복음을 전하고 기도하러 가다가 귀신들려 점치는 여종을 만나 귀신에게 "예수 그리스도의 이름으로 내가 네게 명령하니 그에게서 나오라"고 명령하

였을 때 귀신이 즉시 나오고 그 종은 고침을 받았다.

　나면서 걷지 못하게 된 이와 열병환자를 치료함 : 사도행전 14:8-10
에, 바울이 루스드라에 가서 복음을 전하다가 나면서부터 걷지 못하
게 된 사람을 만나 그에게 큰소리로 "네 발로 바로 일어서라"고 하니
일어나 걷게 되었다. 사도행전 28:7-9에, 바울이 멜리데섬에서 제일 높
은 사람 보블리오의 부친이 열병과 이질에 걸려 누워 있었는데 안수하
여 고쳐주었고 다른 병든 자들까지 고침을 받았다. [77]

　죽은 자를 살림 : 사도행전 20:7-11에　바울이 밤중까지 하나님의
말씀을 강론할 때 유두고(Eutychus)라는 청년이 창에 걸터앉아 설교를
듣다가 졸음을 이기지 못하여 삼 층 누에서 떨어져 죽었는데 바울이
청년 위에 엎드려 몸을 안아 살려냈다.　바울이 죽은 청년 위에 엎드려
살린 것을 보면, 심폐소생술을 실시한 것으로 추측된다.

> (행 20:7) 그 주간의 첫날에 우리가 떡을 떼려 하여 모였더니 바울이
> 이튿날 떠나고자 하여 그들에게 강론할새 말을 밤중까지 계속하매
> (행 20:8) 우리가 모인 윗다락에 등불을 많이 켰는데
> (행 20:9) 유두고라 하는 청년이 창에 걸터앉아 있다가 깊이 졸더니
> 바울이 강론하기를 더 오래 하매 졸음을 이기지 못하여 삼층에서 떨
> 어지거늘 일으켜 보니 죽었는지라.
> (행 20:10) 바울이 내려가서 그 위에 엎드려 그 몸을 안고 말하되 떠
> 들지 말라 생명이 그에게 있다하고

(행 20:11) 올라가 떡을 떼어 먹고 오랫동안 곧 날이 새기까지 이야기하고 떠나니라.

〈 치유하는 성경구절 〉

(시 91:4-6) 그가 너를 그의 깃으로 덮으시리니 네가 그의 날개 아래에 피하리로다. 그의 진실함은 방패와 손 방패가 되시나니, 너는 밤에 찾아오는 공포와 낮에 날아드는 화살과 어두울 때 퍼지는 전염병과 밝을 때 닥쳐오는 재앙을 두려워하지 아니하리로다.

(잠 1:33) 오직 내 말을 듣는 자는 평안히 살며 재앙의 두려움이 없이 안전하리라.

(사 41:10) 두려워하지 말라 내가 너와 함께 함이라. 놀라지 말라 나는 네 하나님이 됨이라. 내가 너를 굳세게 하리라. 참으로 너를 도와주리라. 참으로 나의 의로운 오른손으로 너를 붙들리라.

(애 3:21-23) 이것을 내가 내 마음에 담아 두었더니 그것이 오히려 나의 소망이 되었사옴은 여호와의 인자와 긍휼이 무궁하시므로 우리가 진멸되지 아니함이니이다. 이것들이 아침마다 새로우니 주의 성실하심이 크시도소이다.

(고후 5:21) 하나님이 죄를 알지도 못하신 이를 우리를 대신하여 죄로 삼으신 것은 우리로 하여금 그 안에서 하나님의 의가 되게 하려 하심이라.

(벧전 5:7) 너희 염려를 다 주께 맡기라. 이는 그가 너희를 돌보심이라.

6부

대적 기도

6부

대적 기도

19. 여호와 이름으로 선포하라

구약성경은 이스라엘 백성에게 들이닥친 질병이나 고통을 창조주 하나님에 대한 유일신 신앙의 거울에 비추어 이해한다. 병에 걸린 자신이 먼저 하나님께 기도하고 그분의 치유를 간구하는 것은 하나님께서 자신의 피조물인 인간을 잘 아시고 도우신다는 믿음에 근거한다. 선택받은 이스라엘 백성이 잘못하여 받은 징계로 고통을 당할 때도 그들을 치료하시는 분은 그들을 택하시고 거룩한 백성으로 회복되기를 원하시는 하나님이시다.

질병과 고통의 문제는 구약시대 이스라엘 백성의 것만이 아니고 현대의학이 발달된 시대를 사는 우리의 것이기도 하다. 그리스도를 통해 하나님의 자녀가 되었기에 우리는 병상에서 우리의 창조자이신 하나님을 더욱 가까이 만나게 되며, 우리 자신의 연약함과 한계를 깨닫고 겸손하게 된다. 하나님을 온전히 사랑하고 이웃을 내 몸과 같이 사랑하기에 너무나 부족하고 불안정한 자신의 모습을 돌아보고 "우리를 시험에 들지 말게 하옵시고 다만 악에서 구하옵소서"라는 기도를 드리며 우리 영혼의 건강까지도 간구하게 된다.

"그가 찔림은 우리의 허물 때문이요 그가 상함은 우리의 죄악 때문이라 그가 징계를 받으므로 우리는 평화를 누리고 그가 채찍에 맞으므로 우리는 나음을 받았도다"(사 53:5). 이것은 죄가 없는 하나님의 의로운 종이 인간을 죄로부터 해방시키기 위하여 죄인들이 받아야 할 징계와 상처를 대신 받으심으로 죄인들의 상처가 치유될 것이라는 예언으로, 하나님의 아들 예수 그리스도의 고난 받으심에 의해 예언이 이루어졌다(사 53:11-12).

구약성경에서 인간에게 명령하시기를 "하나님이 그들에게 복을 주시며 하나님이 그들에게 이르시되 생육하고 번성하여 땅에 충만하라, 땅을 정복하라, 바다의 물고기와 하늘의 새와 땅에 움직이는 모든 생물을 다스리라 하시니라"(창 1:28)고[78] 말씀하셨다. 지금까지 우리는 하나님께 달라고 요청만 하였다. 그러나 이제부터는 방법을 바꾸어서 모든 생물을 다스리라고 하신 하나님 말씀에 따라서 "병마야! 떠나가라"고 선포하면 질병으로부터 해방될 수 있다. 하나님은 우리 인간에 대하여 어떤 생명체든지 다스릴 수 있는 권능을 주셨음을 굳게 믿고 이를 이행하면 성령의 역사가 나타난다.

미국의 어느 목사님은 장기간 편두통으로 고생했는데, 악한 영들의 공격이라고 생각하고 대적 기도를 시도했다. "예수 이름으로 명하노니 악령아 떠나가라"고 명령하니 그 순간에 통증은 사라져 버렸다. 이 목사님은 편두통 증상이 나타날 때마다 대적 기도하여 편두통을 물리칠 수 있었다.[79] 고통과 질병을 예수 이름으로 대적하면 물리칠 수 있을 것이다.

기도하지 않으면서 논쟁하고 있는 현실을 직시하여 히스기야의 기도를 배워야 한다. 히스기야는 이사야 38:16에서 "주여 사람이 사는 것이 이에 있고 내 심령의 생명도 온전히 거기에 있사오니 원하건대 나를 치료하시며 나를 살려 주옵소서"라고 간절히 기도하고 있다. 막연한 기도는 막연한 응답을 얻고 구체적인 기도는 구체적인 응답을 얻는다.[80]

성경은 인간의 질병에 대하여 아담의 타락(롬 5:12~14) 이후의 심각한 환경 변화와 인간이 지배권을 남용한 결과를 그 원인으로 보고 있으며, 또한 인간이 하나님께 순종하지 않고 자연과 모든 생물을 제대로 관리하지 않을 때 발생하는 역병(疫病)에 대해서 경고하고 있다. 따라서 우리는 자연을 제대로 관리하라는 하나님의 명령을 지키지 못한 잘못에 대하여 회개하고, 자연을 아끼고 보존하여 생태환경을 회복하는 청지기적 사명을 다하여야 할 것이다.[81]

참고한 책

《그랜드 종합주석》(1~20권), 제자원 워드하우스, 2009.

김남수. 《나는 침뜸으로 승부한다》, 정통침뜸연구소, 2008.

김정순. 《역학원론》, 신광출판사, 2004.

김창영. 《한국창조과학회》, 생명의 말씀사, 2011.

대한예방의학회. 《예방의학과 공중보건학》, 계축문화사, 2017.

데이빗 A, 씨맨즈. 《상한 감정의 치유》, 도서출판 두란노, 1986.

《메인 아이디어 시리즈》, 도서출판 디모데, 2007.

《아가페 NIV 한영 해설성경》, 2011.

이왕재. 《비타민 C가 보이면 건강이 보인다》, 도서출판 건생, 1988.

전병욱. 《히스기야의 기도》, 규장, 2007.

정원. 《대적기도 2》, 영성의 숲, 2012.

존벤디스트. 전의우 역, 《기적》, 요단출판사, 1998.

《개역개정 한영 해설성경》, 한국찬송가공회, 아가페출판사, 2011.

한현우. 《공중보건학》, 대한보건협회, 2018.

허정. 《서양보건사》, 신광출판사, 1984.

홍사진. 《내 인생의 치료자》, 극동방송 방송설교, 2020. 2. 11.

《크로스 종합주석》1~20권, 도서출판 시내, 1993.

S. I. 맥밀런. 《막 을 수 있는 질병 들》(None of These Diseases), 1986 .

Steve Johnson, 《바이러스 도시》, 김영사, 2008.

The Holy Bible(NIV), International Bible Society, 1984.

https://jkma.org/DOIx.php?id=10.5124/jkma.2016.59.10.785, 박관진, 의학의 관점에서 본 포경수술의 가치 (Medical perspectives on the clinical value of male circumcision), Journal of the Korean Medical Association, 2016.

http://seoul.febc.net/index.php?mid=sermonorg_122_page_1& vid=sermonorg_122&act=view&id=18654

http://news.kmib.co.kr/article/viewDetail.asp?newsCluster No=01100201.20050708100001509 (신학과 과학의 만남, 국민일보, 2020. 2. 2).

https://newsvn.tistory.com/129.

https://blog.naver.com/gracepark69/80128817552 박미섭, 구약 성경과 치유(구약학), 2011.

http://blog.naver.com/PostView.nhn?blogId=dan11&log No=30130804892.

http://blog.daum.net/china0314068/14952778.

미주

1) http://www.cheonbo.org/ 천보산민족기도원(경기 남양주시 불암산로 167)

2) 근거기반의학(Evidence-based Medicine)의 근거란 의학적 의사결정 혹은 의학적 판단의 바탕이 되는 체계적이고 과학적인 근거를 말한다.

3) WHO는 최초에 "Novel Corona Virus"로 명명하였다가 "Corona Virus Disease(COVID 19)"로 변경하였다. 한국도 처음에는 "우한폐렴" 또는 "신종코로나 바이러스"로 명명하다가 "코로나19"로 개칭하였다.

4) 신천지 창교자 이만희는 1931. 9. 15일 경상북도 청도군 풍각면 현리에서 아버지 이재문과 어머니 고상금 사이에서 태어났다. 그는 서울로 상경해 장막성전의 어린 종 유재열의 집회에 참석한 후부터 추종하다가 1967. 2월 재산을 다 털리고 이탈했다. 1978년 장막성전의 영명 '솔로몬'으로 통하던 백만봉을 추종하며 '솔로몬 창조교회' 12사도조직의 하나로 있다가 1980. 3. 14일 자신을 따르는 세력을 규합해 경기도 안양시에 신천지 중앙교회를 설립한 후 과천시로 이전하였다. 대한예수교장로회 합동측 80회 총회에서 이만희는 장막성전계열로서, 그가 가르치고 있는 계시론, 구원론, 종말론 등 교리는 기독교라고 볼 수 없는 이단이므로 교인들에게 신천지교회에 가는 것을 금했다.

5) 〈성서 백과사전〉, p 412.

6) 허정, 서양보건사, 신광출판사, 14p, 1984

7) Steve Johnson, 바이러스 도시, p117, 김영사, 2008

8) 황제내경은 BC 200년경에 만들어진 책으로, 음양오행 사상에 기초해 고대 자연철학의 의학 이론과 침구 이론을 서술했다. '황제(黃帝)'는 황하 유역에 살았던 전설적인 인물이며, '내경(內徑)'이란 내과를 다룬 의서라는 뜻이다.

9) 기백 : 황제의 신하이며 의학에 뛰어난 제자

10) 세포 호흡에서 산소는 포도당을 이산화탄소와 물로 완전히 산화시켜 ATP를 생성하는 데 꼭 필요한 존재이다. 그러나 세포 호흡의 전자 전달계가 진행되는 과정에서 부수적으로 하이드록실 라디칼(HO·)과 과산화물 음이온(·O2-) 등과 같은 활성 산소(Free Radical)가 발생한다.

11) 허정, 서양보건사, 신광출판사, (p 44~47), 1984

12) Quarantine : 40일 이라는 용어는 1127년에 처음으로 베니스에서 사용되었다고 한다.

13) 크로아티아 항구도시 : 2015년 여름 지은이 한현우가 크로아티아 여행시 촬영하였다.

14) 사순절은 부활주일부터 거슬러 올라가 주일을 제외한 40일간, 즉 '재의 수요일 (Ash Wednesday)'부터 부활절 전야(Easter Eve)까지의 기간이며, 6번의 주일을 지니게 된다.

15) 한현우, 공중보건학, 대한보건협회, p27, 2018

16) https://blog.naver.com/gracepark69/80128817552 박미섭, 구약성경과 치유(구약학), 2011

17) 스올(Sheol) : 죽은 사람들이 가는 처소를 가리키는 구약적 명칭으로 지옥을 가리킨다.

18) 심히중하다는 달아 빠지다의 뜻으로 通風일 가능성이 있다.

19) 김창인 외, 그랜드 종합주석 7, 제자원 워드하우스, 497p, 2009

20) 악질 : 돌림병, 악성종기(출9: 1~35)

21) Stevens J. Lawson(김진선역), 메인아이디어 시리즈 33, (주) 도서출판 디모데, p430, 2008

22) 그랜드 종합주석 10권, 제자원 워드하우스, p460, 2009

23) 홍사진 목사, 내인생의 치료자, 극동방송 방송설교, 2020. 2. 11.

24) 한국창조과학회, 창조과학, 생명의 말씀사, p80, 2011

25) Steve Johnson, The Ghost Map(바이러스 도시), 김영사, p19, 2008

26) 감염병의 토착적 발생을 endemic, 지방적 발생을 epidemic, 범세계적 발생을 pandemic이라 한다.

27) One Health : 사람, 동물 그리고 환경의 건강은 하나

28) 대한예방의학회, 예방의학과 공중보건학, 계축문화사, p322~323, 2017

29) World Health Organization : 세계보건기구

30) SARS : Severe Acute Respiratory Syndrome(중증급성호흡기증후군)

31) variant Creutzfeldt-Jakob Disease(vCJD) : 인간광우병

32) 인플루엔자는 전염성이 매우 강한데 항원 대변이를 통하여 10~40년 마다 대유행한다. 일반적으로 인플루엔자 바이러스는 호흡기를 통하여 감염되고, 감염된 이후에도 바이러스가 주로 호흡기에만 존재한다. 인플루엔자 바이러스는 음식물로 전염되지 않으며 71℃의 열처리를 하면 사멸된다. 변종 인플루엔자 A 바이러스는 사람, 돼지, 조류 사이에 교차감염이 일어날 수 있으며 감염된 돼지에서 사람 또는 감염된 사람에서 돼지로 직접 전파하거나 사람사이의 전파도 가능한 것으로 알려져 있다.

33) MERS(중동호흡기증후군) : Middle East Respiratory Syndrome

34) WHO는 최초에 "Novel Corona Virus"로 명명하였다가 "Corona Virus Disease(COVID 19)"로 변경하였다. 한국도 처음에는 "우한폐렴" 또는 "신종코로나 바이러스"로 명명하였다가 "코로나19"로 개칭하였다.

35) WHO 1차 Pandemic 선포(1968. 7월) 홍콩독감, 2차 Pandemic 선포(2009. 4월) 신종인플루엔자, 3차 Pandemic 선포(2020. 3. 11) COVID 19(Corona Virus Disease 19) : 코로나 19

36) https://ko.wikipedia.org/wiki/중증급성호흡기증후군

37) https://ko.wikipedia.org/wiki/중동호흡기증후군#국가별_감염자_보고수 (위키백과)(2015. 6. 26. 기준)

38) 비타민 K : 지용성 비타민의 한 종류로서 녹황색 채소나 곡류, 과일 등에 많이 존재한다. 결핍시에는 골 손실을 일으키거나 지혈이 잘 안되어 출혈이 발생한다.

39) S. I. 맥밀런, 막을 수 있는 질병들(None of These Diseases), p21, 1986

40) 사람유두종바이러스: Human Papilloma Virus, HPV

41) https://jkma.org/DOIx.php?id=10.5124/jkma.2016.59.10.785, 박관진, 의학의 관점에서 본 포경수술의 가치(Medical perspectives on the clinical value of male circumcision), Journal of the Korean Medical Association, 2016

42) 메인 아이디어 시리즈, 도서출판 디모데, p37, 2007

43) 그랜드 종합주석, 제자원, p165, 2009

44) 강황의 주요 성분인 커큐민(curcumin)은 암을 차단(Blocking cancer), 강력한 산화/노화방지제(Powerful antioxidant), 잠재적인 항염작용(Potent anti-inflammatory), 골관절염 통증 완화(Osteoarthritis pain relief), 소화불량과 속쓰림 지원(Indigestion and heartburn aid), 심장 질환(Heart disease)예방, 당뇨에 대한 효과(Impact on diabetes), 정신 건강을 촉진한다(It promotes Mental Health)

45) 데이빗 A, 씨맨즈(송헌복 역), 상한 감정의 치유, 도서출판 두란노, p30~31, 1986

46) 질고(疾苦) : 사람이 죄로 인해 당하는 영육간의 고통

47) 크로스종합주석 10권, 도서출판 시내, p441,1994

48) https://blog.naver.com/gracepark69/80128817552 박미섭, 구약성경과 치유(구약학), 2011

49) BC 16C에 기록된 고대 이집트의 유명한 의학문서로서 877예의 처방을 포함하여 여러 가지 질병과 징후를 기술하고 있으며 수술요법은 12예가 기록되어 있다.

50) https://blog.naver.com/gracepark69/80128817552 박미섭, 구약성경과

치유(구약학)

51) 히포크라테스 : 임상 관찰을 토대로 고대 그리스 의학의 중심 역할을 한 의사이다. 기원전 460년에 태어나 370년 무렵에 죽은 것으로 알려졌으며 고대 그리스의 전성기였던 살라미스 해전과 펠로폰네소스 전쟁 사이에 활약했다.

52) 김남수, 나는 침뜸으로 승부한다, 정통침뜸연구소, p172, 2008

53) 이스라엘민족이 홍해를 건넌 후 수르광야에서 3일간 여행하고 지쳤을 때 물을 발견했지만 이 물은 소금기가 강해 먹을 수 없었다. 그래서 붙여진 이름이 마라다. 마라는 '괴로움' '쓴 맛'이란 의미다. 이 지역은 수에즈만과 아카바만 사이의 삼각형 모양의 반도를 이루는 지금의 시나이 반도를 말한다.

54) 중성인 pH 7을 기준으로 수소이온농도가 7보다 낮으면 산성, 그보다 높으면 알칼리수로 구분한다

55) http://news.kmib.co.kr/article/viewDetail.asp?newsClusterNo=01100201.20050708100001509 (신학과 과학의 만남, 국민일보, 2020, 2, 2)

56) 마라 지역에 거주하고 있는 베두인족들은 자생하는 대추야자나무의 덜 익은 열매로 알코올이나 식초를 만든다. 그만큼 대추야자나무가 구르쿠드 나무보다 많다는 것이다. 마라 지역에서 가까운 엘림 지역에도 우물이 12개가 있었고 종려나무가 70그루나 자생하고 있었다(출 15:27)는 것은 이를 잘 뒷받침해주고 있다. 모세는 이런 화학반응 메커니즘을 알지 못했으나 열매 달린 대추야자나무를 마라의 쓴 물에 던져 넣어 단물로 중화시켰다.

57) 근처에 자라는 대추야자나무, 구르쿠드 나무의 열매가 달게 만들었다.

58) 엘리사: 아벨므홀라성에 거하던 사밧의 아들이요 부유한 농부로서 대머리 였다. 엘리야의 뒤를 이어 활동했던 선지자로서 북 이스라엘의 9대왕 여호람 에서부터 예후, 여호아하스를 거쳐 제12대 요하스왕까지 무려 50여년간 영적 지도자로서 봉사했다. 엘리야는 하나님의 뜻에 따라 밭을 갈고 있던 그에게 자신의 옷을 던짐으로서 선지자로 선택되었음을 깨닫게 하였다. 그는 많은 이적과 예언들을 하였

다. 물을 고친일(왕하2:19~22), 곰의 출현(왕하2:23~25), 나아만의 나병 치유(왕하7:1~2) 등이다.

59) 그랜드 종합주석 6, 제자원 워드하우스, p441, 2009

60) 시나이 반도의 야등덩굴(들외)중 Cucurbitacin은 유방암, 후두암, 대장암, 폐암, 간암, 전립선암 등치료에 효과가 많으며 특히 유방암 증식억제에 효능이 탁월하다.

61) 크로스 종합주석 6권(열왕기상하), 도서출판 시내, p 287, 1993

62) 김상훈, KOICA 캄보디아자문관, 2020

63) 레바논 북쪽 헤르몬 산(약 2,769m)에서 발원하여 훌레 호수(너비 3.2㎞, 길이 4.8㎞)로 흘러들었다가, 다시 16㎞ 정도 흘러 갈릴리 호수로 접어들고, 다시 팔레스타인을 종단하여 최종 종착지인 사해로 흘러 들어간다. 강의 전장은 약 130㎞이지만 구부러진 굴곡을 모두 측정하면 약 320㎞가 넘는다. 갈릴리 호수(지중해 수면보다 약 210m 낮음)와 사해(해수면보다 약 398.5m 낮음) 사이의 낙폭이 약 188m나 되어 중간 중간 27개의 크고 작은 폭포소가 형성되고 급류와 소용돌이가 생겨난다. 강폭이 좁고 강바닥이 얕으며 곳곳에 깊은 홈이 파져 있고, 우기(雨期)에는 물이 범람하지만 건기(乾期)에는 수심이 90㎝도 되지 않아 배로 건너거나 헤엄쳐 건너기도 쉽지 않다. 강 중간에 겨우 건널만한 나룻터가 있어 그곳을 통해 강 좌우로 이동했다. 네이버 지식백과 라이프성경사전,2006.8.15.가스펠서브

64) 그랜드 종합주석 6, 제자원 워드하우스, p 491,2009

65) 일곱이라는 수는 성경에서 완전수를 나타낸다. 결국 엘리사가 나아만(Naaman)에게 요단강에서 일곱 번 씻으라고 명령한 것은 완전한 순종과 인내를 요구한 것이다

66) 이사야: 예언자인 이사야는 남유다왕 웃시야에서 히스기야 4대에 걸쳐 활동했던 선지자이다. 그는 유다의 왕족으로 요아스왕의 손자였으며 아모스의 아들이었다. 구약의 대예언서인 이사야서를 주전 739~681년경에 총 66장을 기록하였으며

이사야1장~2장 4절까지가 전장을 요약한 내용이다. 이사야서에는 메시야의 예언에 대한 기록이 있어서 가장 많이 보는 말씀중에 하나이다. 이사야는 이스라엘백성들이 하나님께 죄를 회개하라고 경고의 메세지를 전하였다. 특히 히스기야 왕에게는 이방인들에게 의존하지 말고 오직 하나님께만 보호해 달라고 조언하였다. 이사야 선지자는 므낫세왕때 우상숭배를 경고하다가 톱으로 켜서 순교당한 것으로 알려져있다.

67) 전병욱, 히스기야의 기도, 규장, p154, 2007

68) 김창인 외, 그랜드 종합주석 7, 제자원 워드하우스, 718p, 2009

69) https://newsvn.tistory.com/129

70) 그랜드 종합주석 8, 제자원 워드하우스, p416, 2009

71) 손 마른 자 : 손이 오그라 든 자(shrieved 오그라들다)를 말함

72) 수종병 : 복부에 물이 차는 병이며 고창병(dropsy)이라고도 한다.

73) 정원, 대적기도 2, 영성의 숲, p 279, 2012

74) Matthew 10:1 ; He called his twelve disciples to him and gave them authority to drive out evil spirits and to heal every disease and sickness.

75) 존벤디스트(전의우 역), 딸아이의 암, 기적, 요단출판사, p192~193, 1998

76) http://blog.daum.net/china0314068/14952778

77) http://blog.naver.com/PostView.nhn?blogId=dan11&logNo=30130804892

78) God blessed them and said to them, "Be fruitful and increase in number; fill the earth and subdue it. Rule over the fish of the sea and the birds of the air and over every living creature that moves on the ground."

79) 정원, 대적기도 2, 영성의 숲, p 276, 2012

80) 전병욱, 히스기야의 기도, 규장, p154, 2007

81) 김창영, 한국창조과학회, 생명의 말씀사, p80, 2011